子どもも保護者も愛読者にする

小学校1・2・3年の 楽しい学級通信のアイデア48

蔵満逸司 著

黎明書房

はじめに

　「先生，学級通信を読んで笑っちゃいましたよ。子どもみたいなことするなって叱ったら，ぼく子どもだもんって反論されたんですね。そのやりとりを想像したらおかしくって。」
　「宿題についての説明，とっても感動しました。なるほどと思いました。ここまでくわしく説明してもらったのは初めてです。」
　学級通信の反応が保護者から返ってくるとうれしい。
　逆に，保護者と話していて，学級通信が全く話題にならないととてもさびしい。
　「そんなこと，書いてありました？　すいません。」
　「週末にまとめて読むんですよ。」
と，言われると，こっちが申し訳なくなる。読みたいと思ってもらえる学級通信を出していないと反省するのである。
　学級通信は，保護者を愛読者にできると効果百倍である。
　出すたびに読んでもらえると，急ぎの連絡事項も伝わるし，教師と保護者のコミュニケーションもスムーズにいく。保護者が学級や子どもたちのことをよく知っていると，保護者間の連携もうまくいくようになる。

　本書には，子どもも保護者も愛読者にする，小学校1・2・3年の楽しい学級通信のアイデアを48紹介した。
　年に1回なら，こんなアイデアもという提案を積極的にさせていただいた。

左ページに具体的な作成手順を，右ページには具体例やコピーして使えるワークシートを掲載した。
　やってみたいと思うものをぜひ試していただきたい。
　通信に一工夫加えるだけで，保護者や子どもたちの反応が楽しみになる。いい反応があると，学級通信を書くことが今まで以上に楽しみになる。
　読者の学級通信作りに，少しでもお役に立てたら幸いである。

　黎明書房編集部の村上絢子さんには，大変お世話になりました。心から感謝します。
　中村健一さんのおかげで本書は生まれました。
　原田珠代さん，濱崎昇平さん，大倉野博恵さん，畑野佳恵さん，飯尾麻衣さん，内野奈津美さん，山口恵梨佳さん，上山瑠津子さん，ゆかさん，明翔さん，大歩さんには，いろいろなアドバイスをいただいたり，資料を提供していただきました。
　ありがとうございました。

　　　2011年4月1日

蔵満逸司

目次

はじめに　1

1　創刊号でたっぷり自己紹介　6
2　教師キャラクター　8
3　子どもの登校時刻通信　10
4　下校予定時刻つき時間割通信　12
5　授業公開宣言　いつでも参観OK！　14
6　誕生日特典　16
7　誕生日特別号　18
8　宿題説明号　20
9　『テレビをけして　べんきょうしよう』マーク　22
10　学力が身につくノートの使い方　24
11　引換券つき授業参観案内　26
12　教室マップ　28
13　教室スーパークイズ　30
14　特集　はじめての「あ」　32
15　家庭訪問特別号　34
16　読み聞かせおすすめ本紹介　36
17　オリジナル読み聞かせ　38
18　アンケート『小学生のころ好きだった本』　40

19 図書室大特集　42

20 群読テキスト　44

21 算数パズル　46

22 指算九九通信　48
　　ゆびざん

23 算数の指導ポイント　50

24 図工の材料協力　52

25 タネつき通信　54

26 名前の詩　56

27 一目でわかる運動会案内　58

28 持久走大会速報　60

29 植物マップ　62

30 大笑いニュース　64

31 書き込み式通信　66

32 図工作品の鑑賞感想通信　68

33 オリジナル・クロスワードパズル　70

34 おまけ―塗り絵，シール，切手，スタンプ　72

35 ワンポイントカラー　74

36 教師がいない日の特別通信　76

37 写真ニュース　78

38 電話番号を教えないで　80

39 子ども全員アンケート　82

40 給食実況中継　84

41 記念日情報　86

42 子どもの通信用イラスト　88

43 短期連載　90

44 すぐわかる校内地図　92

45 ゲストと子どもの出会い通信　94

46 　繰り返しPR作戦　96

47 　親子で楽しむ健康クイズ　98

48 　最後は未来のあなたへのメッセージ　100

1　創刊号でたっぷり自己紹介

「面白そうな先生だねえ」と保護者が興味を持ってくれるような自己紹介通信を出そう。

完成まで

① 自分の経歴や趣味を思いつくままにリストアップする。
　　住んだことのある場所や，部活などで経験のあるスポーツ，収集しているものなどを思いつくまま書いてみる。

② 子どもたちが，「○○先生は，ドラえもんが好きなんだ」と興味を持ってくれそうなものを意図的に入れる。

③ 保護者が興味を持ちそうなものも選ぶ。
　　登山や切手収集のようなマニアックなものもあえていくつか入れる。
　　ここで書いたことが，家庭訪問や学級懇談会などで，保護者から教師に話しかけるきっかけになることも多い。

④ 学級通信には不適切と思われるものを除く。

⑤ イラストや写真をつけると，よりわかりやすい。

もっと楽しむためのアイデア

・昨年担任した子どもたちに，自分がどんな先生だったかインタビューして紹介する。
・自己紹介を○×クイズ形式で書く。通信の裏に正解と解説を書く。

はじまりはじまり

創 刊 号　　○○○○年4月○日

元気町立元気小学校1年1組学級通信

わっはっは

御入学，おめでとうございます

はじめまして。蔵満逸司(くらみついつし)です。
希望して，1年担任になりました。3回目です。
今日を楽しみに，準備を進めてきました。
安心してすごせる楽しい教室にします。
人間らしい心いっぱい，子どもらしい心いっぱい
の教室にします。
よろしくお願いします。

- 教えながら，一緒に学ぶ仕事が好きで教師になりました。
- 盈進小が初任で，市比野小が2校目，元気小が3校目です。
- 県内で住んだことがあるのは，大口，隼人，円，加治木，宮之城，そして元気です。
- 現住所は，元気町元気150の7です。
- 年齢は，32歳。1961年11月7日生まれです。
- 趣味は，写真撮影，旅行，童話創作，動物のフィギュアと切手収集です。
- 夢中になった歌手は，天地真理，ジョン・デンバー，クイーン。小説家は，五木寛之です。
- 見るのが好きなスポーツは，サッカーです。

学級通信は，印刷会社に依頼して3月末に製本します。
希望される方は，折り曲げずに，このまま保存してください。
製本する時は実費300円程度が必要です。

2　教師キャラクター

教師をキャラクター化したイラストを創作して，学級通信を通して人気キャラクターに育てよう。

・完成まで・

① 教師をキャラクター化したイラストを創作する。

簡単に書けること，自分のキャラクターに合っていること，インパクトがあること。親しまれるために，この3条件を満たしたい。

自分で作れない時は，イラストが得意な教師に頼んで創作してもらい，練習して書けるようになればいい。

② 学級通信に毎回登場させて親しんでもらおう。

教師からのメッセージをキャラクターに吹き出しをつけて書く。

紙面が余ったらキャラクターを書くなど，キャラクターを多用する。

もっと楽しむためのアイデア

・授業でも大活躍させよう。

大事なポイントをキャラクターに吹き出しをつけて書くと，子どもたちは大喜びする。

・宿題プリントや掲示物にもどんどん登場させることで，子どもたちは，あっという間にキャラクターに親しみを感じるようになる。

・スタンプやシールにして，とにかく教師キャラクターを大活躍させよう。

教師のキャラクター例

3　子どもの登校時刻通信

1年生の保護者は、通学にかかる時間がどれぐらいか、とても気にしている。学級通信で登校時刻を知らせよう。

●完成まで●

① 4月か5月のある日、学級通信で予告する。

「明日の朝、お子さんが家を出た時刻をできたらメモしておいてください。明日の通信で、お子さんが教室に着いた時刻をお知らせする予定です。」

② 当日朝、子どもたちが教室に着いた時刻を名簿に記録していく。

③ 学級通信に、子どもたちが教室に着いた時刻ごとに掲載する。

「7時31分に1人目、2人目……」というように、子どもたちが着いた順に番号をつけて書く。もちろん、児童名は掲載しない。

④ 完成した通信を配付し、子どもに記名欄に名前を書かせて持ってこさせ、その子どもの登校した時刻をマークする。

⑤ 通信には、朝の子どもたちの様子を実況中継調で書く。

⑥ 保護者に、登校時間について感想を書いてもらい、内容に問題がなければ通信で紹介する。

もっと楽しむためのアイデア

- 低学年の場合は、1学期と2学期に2回程度掲載すると、子どもの登校の様子がわかり、保護者は安心する。

ひまわり通信

NO ○○
20○○年4月○日○曜日
元気町立元気小学校2年

名前(　　　　　　　　　)

7時30分　　校舎に入れる時刻です。教頭が門を開けます。

31分	1	2	
33分	3	4	
39分	5	6	
42分	7		
45分	8	9	
46分	10	11	
49分	12	13	
52分	14		
54分	15		
55分	16	17	
59分	18	19	20
8時　1分	21	㉒	
2分	23		
3分	24	25	26
5分	27		
10分〜	28	29	30

15分　　朝の会が始まる時刻です。

> ランドセルを たなに入れて みんな校庭へ とび出して 行きました。

> 元気よく あいさつを してくれました！

> 　思ったより，早く来ていると思いましたが，いかがでしょうか。
> 　予想されていた登校時間とだいたい合っていたらいいのですが……。
> 　大きく違うとしたら，いろいろな寄り道が考えられますね。子どもと話してみてください。
> 　休日に，散歩代わりに学校まで一緒に歩いてみられるのも楽しいですよ。
> 　お聞きになりたいことなどありましたら，連絡帳などで遠慮なくどうぞ。

4　下校予定時刻つき時間割通信

1週間の時間割を掲載する時間割通信に，下校時刻を明記しよう。

・完成まで・

① 低学年の保護者にとって，学校が終わる時刻の情報は重要である。

② 1週間の時間割を掲載する学級通信には，子どもたちが教室を出る予定時刻を書く欄を作って欠かさず書こう。

③ 予定時刻を大幅に遅れて帰すことがないように十分配慮しよう。

④ 特定の児童を何かの用事で長く残す場合は，前日までに連絡帳で伝えておこう。

当日になって，急に長く残すことになった場合は，電話で連絡しよう。

もっと楽しむためのアイデア

・通信の予定下校時刻をもとに，児童が下校にかかる時間を保護者に調べてもらおう。

通信の下校予定時刻から何分後に家に帰り着いているかを計算してもらえばいい。

・下校にかかる時間が長すぎる子どもには事情を聞こう。

寄り道が多い子ども，学校から直接他の子どもの家に遊びに行っている子どもがわかるなど，大切な調査である。

わっはっは

NO ○○
20○○年○月○日金曜日
元気町立元気小学校 2年○組

みんなの　じかんわり

	18日(月)	19日(火)	20日(水)	21日(木)	22日(金)
あさの かつどう	チャレンジ タイム	わくわく 読書	ぜん校音楽	わくわく 読書	わくわく 読書
1	こくご お手紙	おんがく ぜん校音楽 の練習	生かつ バスたんけん	こくご お手紙	こくご お手紙
2	体いく てつぼう あそび	こくご お手紙	生かつ バスたんけん	体いく てつぼう あそび	さん数 かけざん
3	おんがく 歌え バンバン	そうい CIR	生かつ バスたんけん	さん数 かけざん	ずこう おしゃれな どうぶつ
4	さん数 形づくり テスト	生かつ おいもまつり のじゅんび	生かつ バスたんけん	しょしゃ かん字を書い てみよう	ずこう おしゃれな どうぶつ
ひるやすみ そうじ	ひるやすみ そうじ	ひるやすみ そうじ	みんなであそ ぶ日　そうじ	ひるやすみ そうじ	ひるやすみ そうじ
5	こくご テスト	さん数 かけざん	学かつ 話し合い かつどう	✕	体いく てつぼう あそび
げこうじこく	15時30分	15時30分	15時30分	<u>14時15分</u>	15時30分
しゅくだい	さくぶん1P かん字1P	かん字1P さんプリ1	さくぶん1P かん字1P	かん字1P さんプリ1	さくぶん1P かん字1P さんプリ1
じゅんび		けんばん ハーモニカ	バスたんけん のお金 水とう	2B以上の こいえんぴつ	ずこうの ざいりょう

らいしゅうの　きゅうしょく　とうばん　　<u>マスクをわすれないでね！</u>

パン・ごはん　　○○さん　○○さん　　　ぎゅうにゅう　　○○さん　○○さん
おんしょく　　　○○さん　○○さん　　　小さいおかず　　○○さん　○○さん
しょっき　　　　○○さん　○○さん

5　授業公開宣言　いつでも参観OK！

「授業は，いつでも参観できます！」と宣言してしまおう。その日から自分の意識が変わります。

完成まで

① とにかく，学級通信で，「○年○組の授業は，全時間参観可能です」と宣言しよう。

② 参観する時は，所定の入校手続きと私語禁止だけはお願いしよう。

③ 保護者だけでなく，親戚，ご近所の方も歓迎しよう。
　１人では教室に行きづらい保護者もいるので，「誰でも誘って来てください」と声をかけよう。

④ 最初の学級PTAでも，「授業は，いつでも参観できます！」と宣言しよう。

⑤ 実際に見に来てくださったら，「よかったら教室内でどうぞ」と声をかけよう。

もっと楽しむためのアイデア

・機会があるごとに授業参観は自由であることを通信に書こう。仕事の関係でなかなか休みがとれない保護者でも，日時を限定しなければ参観できる方もいる。

・参観された方がいたら，数日後の通信にさりげなく参観された方がいたことを書いてPRしよう。

授業参観へのお誘い

1年間のすべての授業を参観できます。

授業計画表を見て自由に参観できます。

事前の申し込みは不要ですが，決められた入校手続きをお願いします。

教室後ろ入り口にある『参観者カード』へのご記入もよろしくお願いします。

廊下から，教室の中で，自由に参観してください。

時間割は，急に変更することがありますので，ご了承ください。

元気 小学校 3 年 2 組　担任　蔵満逸司

参観者カード

参観者カード

| 月 | 日 | 時限目 | 名前 |

参観，ありがとうございます。教室の中にも自由に入ってくださいね。

感想や質問など，ひとことでもいいのでお願いします！

※後日，学級通信で紹介させていただく場合があります。お名前は掲載しません。

6　誕生日特典

誕生日には，こんな素敵なことがあるということを，学年はじめに紹介しよう。

●完成まで●

① 誕生日の子ども限定の誕生日特典を検討する。
② １人目の誕生日が来る前に，誕生日特典を決めて，子どもたちに発表する。
③ 学級通信で，誕生日特典について紹介する。
④ 誕生列車のような子どもたちの誕生日がわかるものを教室に掲示すると，子どもたちは喜ぶ。
⑤ 誕生日が，土日祝日や長期休業と重なる場合は，その前後に誕生日特典の日を設定する。
⑥ 誕生日特典を紹介した学級通信「誕生日特別号」(p 18, 19参照)は，ラミネート加工するなどして教室に通年掲示する。

もっと楽しむためのアイデア

- 子どもたちの誕生日がわかるよう掲示したものに，子どもたちが興味を持つ有名人やキャラクターの誕生日も書き込んでみよう。
- 国語の教科書に掲載されている物語の作者やマンガのキャラクターの誕生日などを書いておくと話題ができて楽しい。

たんじょうびには，こんないいことがあるよ

① しゅくだいパスけん　プレゼント

これがあれば，なんとしゅくだいを１日分ぜんぶパスできるのです。たんじょうびのある月から１日えらんでね。

```
しゅくだい１日パスけん
_____さま
つかえる日　　月　　日
小学校２年４組　たんにん　くらみつ いつし
```

② どこでも　すきなところに　すわっていいよ

すきなところに，せきをかわっていいよ。せきがえは，１回だけ。休み時間のあいだに，かわっていてね。せきがえをたのまれたら，１回だけきもちよくきょうりょくしてね。

③ ぎゅうにゅうかんぱいを　しようね

きゅうしょく時間に，みんなでぎゅうにゅうかんぱいをしようね。

④ しかられパスけん　プレゼント

```
　　　　月　　日
たんじょうびげんてい
　しかられパスけん
_____さま
２年４組　たんにん　くらみつ いつし
```

たんじょうびげんていで，先生にしかられそうになった時に，１回だけパスできるけんだよ。

<u>いじめたり，けがをさせたような時には，つかえません！</u>

⑤ たんじょうびとくべつ号が　もらえるよ

※たんじょうびが休みの日の時は，先生とそうだんして，べつの日においわいをしようね。

7　誕生日特別号

誕生日特別号を，子どもたちの誕生日当日に発行しよう。インタビューを中心にすると，保護者にも喜ばれるし作成時間も短くてすむ。

完成まで

① 顔写真は事前に数枚撮影しておく。もちろん満面の笑顔がいい。

② なるべく前日までにインタビュー部分を完成させる。
その子どものいいところを聞き出すつもりで，教師がインタビューする。

③ 当日，誕生日特典のひとつとして，○○さん誕生日おめでとう号の学級通信を発行する。

④ 本人には，カラー印刷したものをプレゼントして，みんなで拍手する。

もっと楽しむためのアイデア

- 祖父母などにプレゼントすることを考えて，本人には他に2部持たせると喜ばれる。
- 口頭のインタビューではなく，質問を書いた書式を用意し児童に書き込ませる方法もある。
子どもの手書きの文字が通信を飾ることになる。
- 本人に質問を書かせるのもいい。
- 誕生日特別号は，教室に掲示していく。

たんじょうび　おめでとう

※実際は顔写真を入れる

・なまえ

むらたまい

・たんじょうび

10月4日

インタビュー

① いちばん　すきな　あそびは　なんですか？

なわとび　きょうそう

② いちばん　すきな　のみものは　なんですか？

ほっとミルク

③ いちばん　すきな　ゆうぐは　なんですか？

てつぼう

④ いつか　してみたい　ぼうけんが　ありますか？

せかい　いっしゅう

⑤ ゆめは　なんですか。

バレーボールのせんしゅ

8　宿題説明号

宿題に対する教師の思いを，宿題の目的や内容，いろいろな留意点とともに説明しよう。

完成まで

① 宿題についての年間の方針を考える。
　宿題を出す目的，宿題の基本的な内容，宿題にかかると思われる時間を設定する。学校で設定している場合もあるので確認する。

② 宿題をする時の環境についても考える。
　例えば，テレビをけしてしっかり座り，取り組むようにするなど。

③ 宿題をしなくてもいい場合，途中でやめてもいい場合について考える。なるべく学年の途中で変更したくないので，慎重に考える。

④ 宿題をしてこなかった時の対応についても，いろいろなケースを想定して考える。

⑤ ①〜④について，同学年の教師に相談する。

⑥ 学級通信に宿題についての年間の方針を書き，発行する。

⑦ 保護者からの質問には，わかりやすく回答する。他の保護者も疑問に持つような質問の場合は，通信で全体に質問と回答を紹介する。

⑧ 学級PTAの話し合いの場でも話題にし，保護者に十分理解してもらうようにする。質問の時間を設定してくわしく説明する。

もっと楽しむためのアイデア

・宿題のサンプルを準備して，学級PTAで展示しよう。見てもらうとイメージが正確に伝わりやすい。

3年2組の宿題について

担任　蔵満逸司

宿題を出す目的

- 学校で学習したことを，練習してしっかりおぼえたり，慣れて早く上手にできるようになるように，宿題を出します。
- 家庭でも学習する習慣を身につけさせるために宿題を出します。
- 宿題を通して学校で学習している内容と子どもの現在の学力を知ってもらい，学校と家庭で協力して教育を進めていくために宿題を出します。

宿題の内容

- 月曜日から土曜日の基本の宿題は，漢字50字・音読5分・算数プリント1枚です。
- 週に2回，作文の宿題を出します。月曜日と木曜日が提出日です。作文用のノート1ページを目標にします。書き方は，作文の宿題説明プリントをご覧ください。
- その他に，臨時の宿題を出すことがあります。

宿題の制限時間

- 1日40分以内で終わる量と考えています。ただし，テレビをけして，いすに座るか，正座して集中して取り組むのが条件です。
- 集中して50分取り組んで終わらなかった時は，やめさせてください。残りは，しなくても構いません。わからなかった問題などは，「登校後，友だちに教えてもらってもいいよ」と話してあります。

宿題のない日

- 誕生日特典を使った日（原則として誕生日が宿題なしです）。
- 日曜日。
- その他にも宿題がない日がたまにあります。
- 保護者の考えで宿題をさせなかった日は，連絡帳などでメモをいただければさせなくても構いません。特に理由を書かれる必要もありません。

宿題を忘れた時

- 登校後，8時15分までの間にできるだけするように話してあります。宿題プリントは，1枚だけ黒板に貼ってあるので，エコ用紙（印刷ミスの裏紙）を使うなどして少しでも頑張らせたいと思います。
- 忘れたとわからないは違います。どうしてもわからなかった問題は，しなくても構いません。
- 理由がないのに，してこなかった場合は，休み時間を使ってさせますが，放課後にさせることはありません。

宿題の個別対応

- 算数の宿題は，1枚のプリントの中で選択して取り組む選択式宿題を出すことがあります。また，現在理解している問題に応じて異なるプリントを宿題に出すこともあります。

宿題についてのご質問・ご意見はいつでも遠慮なくメモかメールでどうぞ。

9 『テレビをけして　べんきょうしよう』マーク

『テレビをけして　べんきょうしよう』マークを掲載した通信を画用紙で発行しよう。

完成まで

① 家庭で1年間子どもの学習する場所に貼ってもらう『テレビをけしてべんきょうしよう』マークを通信に掲載する。

　言葉だけより，カードやマークのほうが子どもたちに人気がある。

② 紙面の3分の1を使って，どうしてテレビをけして勉強するほうがいいのかを簡単に説明する。

③ 掲示用なので，画用紙に印刷する。

　マークの部分を切り抜いて貼れるようにするが，通信のままでも貼れるように，通信のタイトル部分や日付は目立たないようにする。

④ なるべく家庭訪問より前に発行する。家庭訪問では予備を持って行き，なくした家庭には渡す。

⑤ 子どもが勉強している間は，保護者にも協力してもらう必要がある。学級PTAで，勉強中の子どもにはテレビの音が聞こえないように配慮してもらうようお願いする。

もっと楽しむためのアイデア

- 色塗りを前提にしたマークにする。配付後に好きに色を塗らせると勉強しようと自覚もするし，見た目もきれいである。

べんきょうは，テレビをけして しよう！

テレビを見ながら べんきょうすると…

字がみだれる！　　　時間がかかる！　　　しゅうちゅうできない！

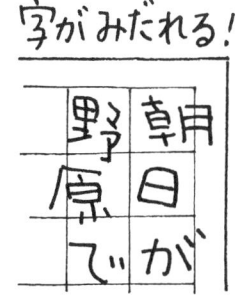　

きれいな字を書けません 　　時間がかかります 　　おぼえられません

だから，べんきょうは，テレビをけして しよう！

オリジナル！ 『テレビをけして べんきょうしよう』マークです。

10　学力が身につくノートの使い方

ノートがきれいに整理されている子どもは，成績が高い傾向がある。指導をしっかりするためにも保護者と連携しよう。

完成まで

① 担当学年が決まったら，ノートをどう使わせるかを決めよう。

② 国語・社会・算数・理科，それぞれの教科ごとにモデルになるノートを作る。

③ 教科ごとのモデルノートを説明も入れて通信で紹介する。

④ ノートを使う最初の時間に，ノートの書き方を指導する。
　保護者にもノートの書き方をまとめた通信を配って，指導の協力をお願いする。

⑤ ノートの書き方を指導したら，しっかり守るよう指導を続ける。

もっと楽しむためのアイデア

・指導した通りにノートを書いている子どものノートをほめたたえて通信でも定期的に紹介しよう。

・学級 PTA の時に，モデルになる児童のノートを展示するのも効果的である。

たんぽぽ通信

元気小学校1年4組
20○○年○月○日

学力が身につく算数ノートの使い方

ノートの使い方指導は，とても大切です。
ノートを，神経質なまでに美しく書かせる必要はありません。
しかし，学力をつけるために大切なノートの書き方が2つあります。

| 見やすいノートを書くこと。
| ていねいに書くこと。

です。

それほど，難しいことではありません。
① ますからはみ出さないように書く。
② ＝は，定規で書く。

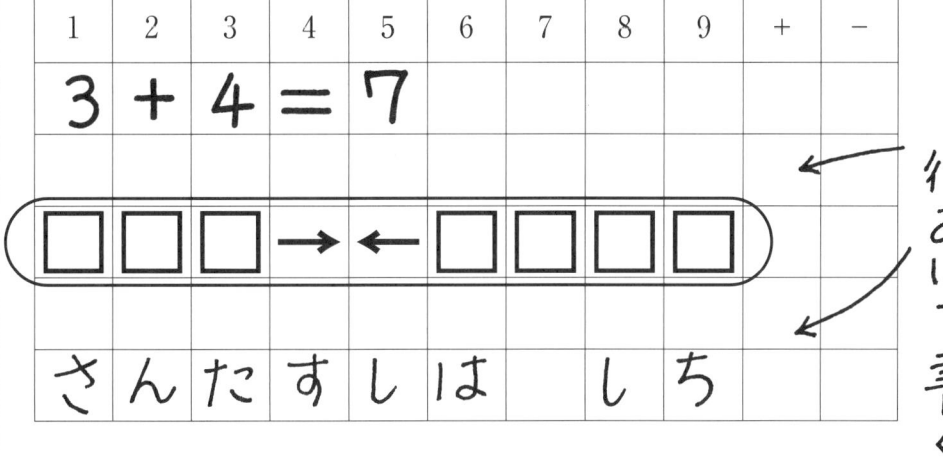

基本を大切に指導していきます。書き直しもさせます。
ご家庭でも，同じように指導していただけると効果があります。
よろしくお願いします。
新しいノートを，いつも1冊用意して家庭保管しておいてくださいね。
ノートを使い終わってから，新しいノートが準備できるまで，子どもが困ることがないように，よろしくお願いします。

11 引換券つき授業参観案内

授業参観の案内に，子どもたちの手作りプレゼントと引き換えられる券をつけよう。

完成まで

① 生活科で集めたどんぐりに白ペンキを塗り，サインペンなどでかわいい顔を書かせる。

② このどんぐりに，ヒートンをつけてカラフルな細い毛糸などを通して首飾りにする。

③ 学級通信のすみに，『○年○組特製！　どんぐりの首飾りプレゼント引換券』をつける。授業参観当日，教室廊下に引換場所を設置する。

④ 授業が始まるまでは，子どもに交換を担当させる。

　授業が始まったらPTA役員に担当になってもらい，引き換えてもらう。

　もちろん，引換券を忘れた方，紛失した方にも，その場で再発行してどんぐりの首飾りを差し上げる。

⑤ 当日欠席だった保護者の分は保管しておき，次の機会に交換する。

もっと楽しむためのアイデア

・子どもたちと集めた小石に絵を描いたもの，きれいな落ち葉，教師が撮った学校や校庭の写真など，ちょっとしたものでも喜んでもらえる。

引換券例

------- 切り取り線 -------

1年4組 特製！
どんぐりの首飾り プレゼント引換券

授業参観日に教室入り口で引き換えます。
　　月　　日　　時限目（　　時　　分から）

1年4組 特製！ どんぐりの首飾り プレゼント引換券
お名前

------- 切り取り線 -------

授業参観日・特別入場券

授業参観日に，教室入り口で，素晴らしい作品とも
れなく引き換えます。決して粗品ではありません。

　　月　　日　　時限目（　　時　　分から）

素晴らしい 作品との引換券
お名前

------- 切り取り線 -------

先着100名様限定

オリジナルグッズプレゼント

会場で，この券と引き換えにお受け取りください。
一家族につき1個でお願いします。
　・会場　　年　　組　　教室
　・日時　　月　　日　　時限目（　　時　　分から）

オリジナルグッズ プレゼント引換券
お名前

12　教室マップ

参観日当日は，教室掲示物の説明などを書き込んだ教室マップを学級通信当日号に載せよう。

完成まで

① 机やいすなどを描き込んだ教室地図を作成する。原稿を保存しておくと1年間使える。

② 掲示物の説明を書く。
　例えば，掲示してある図工の作品なら，単元名や見るポイントを簡単に書こう。

③ 学級対抗のスポーツ大会でもらった賞状やトロフィーを飾って，マップに描き入れて説明を書く。

④ 参観日当日，教室の廊下に置いておき，保護者に取ってもらう。授業参観当日号である。

もっと楽しむためのアイデア

・マップクイズをさりげなく載せよう。
　「子どもたちが校庭で拾ってきた，紅葉したナンキンハゼの葉は，教室のどこにあるでしょう。見つけた方は投票用紙に場所の名前を書いて投票箱へ！」

・クイズの答えとなるものは，テレビの天井，掃除箱の前のガラスなど，目立つ場所に両面テープで貼っておこう。
　正解者には，後日，落ち葉で作ったしおりなどささやかなプレゼントをすると喜ばれる。

きょうしつ　マップ

〇〇〇〇年〇月〇日

- そうじどうぐだな
- 学級文庫
- 係活動ボード
- スケッチ大会でかいた作品
- 花
- 飼っているメダカ
- みんなで作ったリース
- 図工で作った紙テープごま
- 給食台
- 実習生からの手紙
- 学級の記録年表
- 給食着かけ
- 1月…2月…3月
- 紙ヒコーキ大会　12日
- ゆうたさん　5日
- 4月 5日…
- みんなの誕生日や学級のできごとを書き込む
- 朝の会　帰りの会プログラム
- 時間割　週行事こくばん
- こくばん
- 時計

13　教室スーパークイズ

学級に関係のあるクイズを載せて,保護者に解いてもらおう。

完成まで

① 授業や行事,その他学級の出来事の中からクイズに出すネタを考える。

② ○×クイズ,3択クイズ,穴埋めクイズなどの形式にまとめる。

③ 学級PTA懇談会の中で,学級の今を紹介する目的で,クイズ特集の学級通信を配付し,解いてもらう。

　無用の緊張を避けるために,回収はしないことを初めに断っておく。

④ 5分程度で解いてもらう。

⑤ エピソードも交えながら正解を発表し,自己採点をしてもらう。

⑥ 自己申告で満点の保護者がいたら,賞状や商品をプレゼントする。

もっと楽しむためのアイデア

・裏にも同じ問題を印刷しておく。懇親会に参加されていない家族にぜひ挑戦してもらってくださいと説明し,お土産にしてもらう。

1年2組　スーパークイズ

	問　題	回　答　欄
第01問	学級の子どもは，全員で何人でしょう。	
第02問	担任の氏名をなるべく漢字で書いてください。	
第03問	宿題を忘れたらどうなるでしょう。	
第04問	国語で最近勉強した物語は何でしょう。	
第05問	算数で今学習しているのは何でしょう。	
第06問	1時限の学習時間は何分でしょう。	
第07問	学級で人気の遊びは何でしょう。	
第08問	体育で今学習しているのは何でしょう。	
第09問	お子さんの掃除場所はどこでしょう。	
第10問	お子さんの一番好きな給食のおかずは何でしょう。	

判定です

10問正解　　学級観光大使に任命します！
6問〜9問　　素晴らしいです！
2問〜5問　　よくできました！
0問〜1問　　再チャレンジをお待ちしています！

14　特集　はじめての「あ」

最初に学習した平仮名の文字を，全員分集めて掲載しよう。

完成まで

① 国語の時間に初めて練習した平仮名を，準備した印刷用の原稿用紙にていねいに清書させる。

　　ネームペンを使うと，濃い文字になる。名前は裏に小さく鉛筆で書かせる。

② 切り取って通信に貼りつける。

③ 最初の文字が「あ」なら，「特集　はじめての『あ』」として発行する。

④ スペースがあれば，お手本に使った字と書くポイントも，参考になるよう掲載する。

もっと楽しむためのアイデア

- 「特集　はじめての　数字」または「特集　すきなすうじを　書きました」として，数字も同じように書かせて掲載する。
- 平仮名の練習をするたびに，最後に清書をさせ，全部の練習が終わったら，1枚の紙に貼り合わせて，50音図を作るといい思い出の品になる。

特集
はじめての『あ』

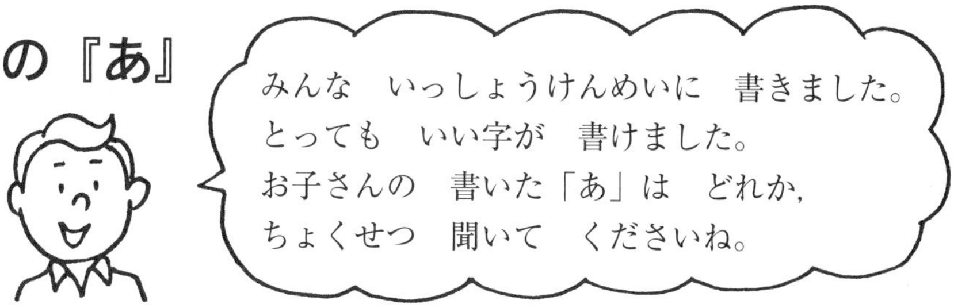

> みんな いっしょうけんめいに 書きました。
> とっても いい字が 書けました。
> お子さんの 書いた「あ」は どれか,
> ちょくせつ 聞いて くださいね。

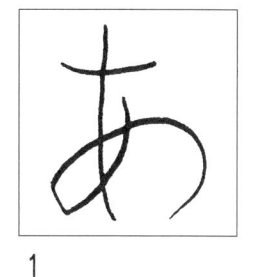

1
2 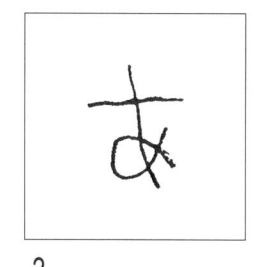
3 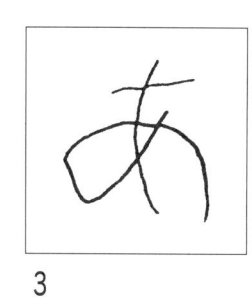
4 
5 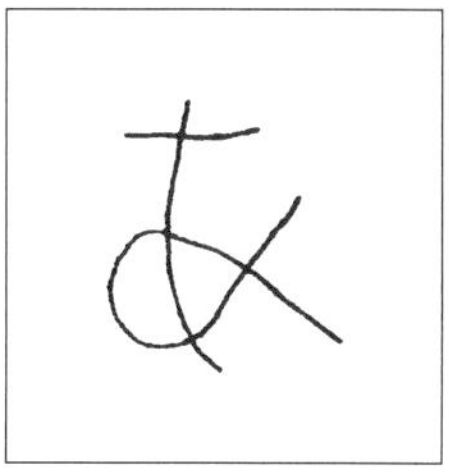
6 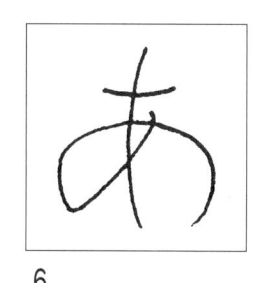
7 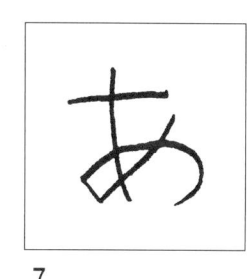
8 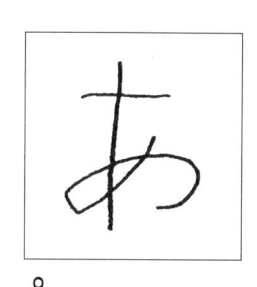
9 
10 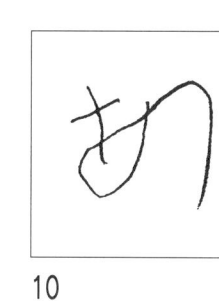
11 
12 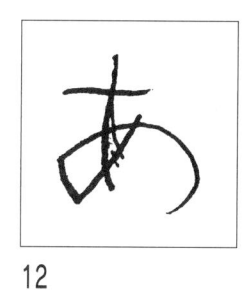
13 
14 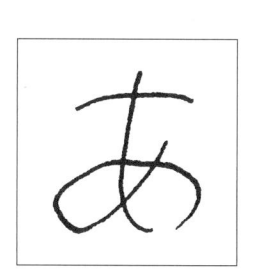
15 
16

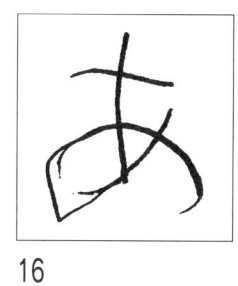

15　家庭訪問特別号

家庭訪問のお土産として，話のネタとして，家庭訪問特別号を持参しよう。

・完成まで・

① 家庭訪問が近づいたら，家庭訪問の際に持っていく特別号の書式を検討して完成させる。

② 家庭訪問で話題になりそうなこと，保護者が気にしていると予想されることを考え，子どもが書き込む欄を空欄にして印刷する。

③ 子どもたちに，説明して書き込ませる。

④ 書いたものを必ずチェックして，誤字脱字や意味のわからない文は，子どもと相談して修正させる。

⑤ 家庭訪問の時に，話が途切れたり，アンケート項目に関係のある話題が出たら，さっと取り出し手渡す。

　話題にするタイミングがなかった場合は，帰る前に渡すだけでもいい。

⑥ 家庭訪問に立ち会えなかった家族も，家庭訪問は気にしている。

　これを読んでもらい話題にしてもらおう。

もっと楽しむためのアイデア

・「あっ，お土産があるんです」と，おもむろに取り出して手渡そう。笑顔が生まれる一瞬である。

かてい ほうもん とくべつごう

メッセージ

名前　おおだなさちえ

書いた日 4月25日

Q 01　学校で一番すきな時間はいつですか？
　　　ひる休み

Q 02　一番すきなきゅうしょくのおかずは何ですか？
　　　カレーライス

Q 03　一番すきなべんきょうは何ですか？　（こくごとか　体いくとか）
　　　たいいく

Q 04　一番すきな色は何ですか？
　　　あか

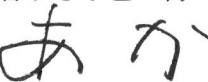

Q 05　今日の昼休みは何をしていましたか？
　　　ともだちとドッジボール

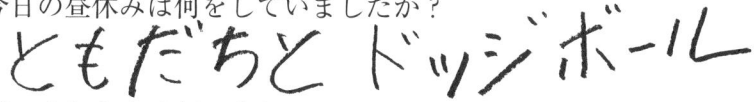

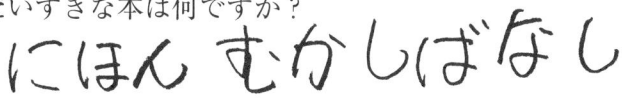

Q 06　だいすきな本は何ですか？
　　　にほんむかしばなし

Q 07　かぞくと休みの日に行きたいところはありますか？
　　　えいが

Q 08　たからものは何ですか？
　　　まんが

Q 09　先生にしかられたことで、おぼえているものがあったら書いてください。
　　　ない

Q 10　行ってみたい国があったら書いてください。
　　　アフリカ

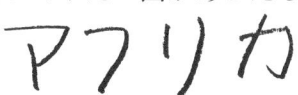

16　読み聞かせおすすめ本紹介

教師おすすめの読み聞かせ本を，図書室の蔵書から選んで紹介しよう。

完成まで

① 図書室で，次のような観点から，おすすめの読み聞かせ本を選ぶ。
　・国語の教科書に収録されている物語と同じ作者の本。
　・学校のある地域や都道府県に関係のある本。
　・郷土出身の作家の本。
　・教師が子どものころに読んで忘れられない本。
② 学級通信に，教師おすすめの読み聞かせ本を連載形式で紹介する。
③ 学級PTAでは，通信で紹介した本を図書室から借りてきて展示する。

もっと楽しむためのアイデア

・保護者にも，読み聞かせおすすめ本を紹介してもらい，通信で紹介する。
・読み聞かせの方法について，経験の豊富な保護者がいる場合は紹介してもらう。
　学級PTAの話し合いのテーマに「読み聞かせ」を設定してもらうと，さまざまな意見が聞ける。

こんな本があったよ！

だいめい **おさるとぼうしうり**　書いた人 エズフィール・スロボドキーナ・作,絵

頭の上に,たくさんのぼうしをのせて,ぼうしを売り歩く人のお話。最後が,面白い！

福音館書店

↖ 面白い本を見つけて紹介しよう。

こんな本があったよ！

だいめい **におい山脈**　書いた人 椋 鳩十（むく はとじゅう）・文　梶山俊夫・絵

ゾウが,人間が近づかないように,人間のきらいなもので山をつくろうと言い出した。長いから,何日かかけて…。

あすなろ書房

↖ 少し長い作品とわかるほうが親切です。

こんな本があったよ！

だいめい **けんむんのがぶとり**　書いた人 嘉原（よしはら）カヲリ・文　あまみ子どもライブラリー・ちぎり絵

奄美のようかいケンムンと,こぶのある漁師の物語。方言も使われていて楽しいよ。

奄美民話の会

↖ 地元の昔話も積極的に紹介しよう。

17 オリジナル読み聞かせ

教師が子どもたちに読み聞かせしたオリジナルのお話を，学級通信に掲載しよう。

完成まで

① 読み聞かせをする話を書く。

完全なオリジナルでなくてもいい。有名な昔話の登場人物や町の名前を変えるだけでもいい。

② 国語の時間や学級活動，または帰りの会などで子どもたちに読み聞かせをする。

③ 読み聞かせをした日の学級通信に，この話をそのまま掲載する。

④ 「今日，子どもたちに読み聞かせをしたお話です。子どもたちに宿題を出しました。このお話を家の人に読んであげることです。ちゃんと子どもが読んだら，サインとひとこと感想を書いて明日持たせてください。」

⑤ 保護者からの感想を学級通信で紹介する。

もっと楽しむためのアイデア

・教室を舞台に，飼っている金魚，育てている花，今日の給食などを題材にしたお話にすると，子どもたちはより興味を持つ。

オリジナル読み聞かせ

　火よう日の夕がた，森の中にある小さい小学校で，男の子と女の子が，草をとったあとの花だんに，町のおみせでかった，わたの花のたねをまきました。三百円のたねでした。

　たねのふくろにかいてある文のとおりに，正しくまきました。よめない字は，先生によんでもらいました。みがができたら本をさんこうにして，白い糸にするつもりです。こんどは金よう日にあつまって草とりをします。

　子どもたちは，青い空を見て，あついから，雨がふるといいなあとおもいました。

　男の子のひとりは，土のついた手を水できれいにあらって，王さまバッタという名まえの虫さがしをはじめました。おみせでは，千円もするのです。

　ほかの男の子は，田んぼのちかくの竹やぶで，生まれたばかりの犬を見つけて，せわをしました。赤ちゃん犬のしんぞうは，どきんどきんと音がしました。目玉は青いいろをしていました。女の子たちは，中学校の右にある川に入り，力をつかって石をひっくりかえして，貝とりをはじめました。気をつけなさいといわれていたのに，はだしの足で石をふんでころんで，けがをしたのは，一年生の花ちゃんです。やっと立ち上がると，六年生のおねえちゃんが，早く川から出なさいといいながら，たすけてくれました。

　女の子たちは，夕がたになり，日がしずんだので，すこし休んで山を下りて村にかえりました。

　山を見ると，左の大きな木の上に上がった，月がきれいでした。目をこすりながら，天を見ると，天の川が見えました。耳をすますと，とおくから火のようじんのカチカチという音がきこえてきました。

　子どもたちは，みんないえにかえりつきました。おいしい，ばんごはんを口に入れるとしあわせな気ぶんになりました。

※漢字は，１年生で学習する漢字のみ使っています。

18　アンケート『小学生のころ好きだった本』

保護者に，小学生のころに好きだった本をアンケート調査して紹介しよう。

完成まで

① 保護者に，「小学生のころ好きだった本のことを教えてください」とアンケートを行う。

書名，著者名，好きなところを書いてもらう。

② 届いたアンケート用紙をそのまま使って，『おとうさん・おかあさんが小学生のころ好きだった本』として特集を組む。

③ 学校の図書室にあるかないか確認し，ある場合は，図書室で借りられる本として紹介する。

④ 保護者から紹介された本を実際に読んだ子どもがいたら，名前と短い感想を紹介する。

もっと楽しむためのアイデア

・校長，教頭，同学年を担当する教師たちに，『小学生のころ好きだった本』を書いてもらい通信で紹介する。

読書週間などに，教室に来てもらい，直接子どもたちに読み聞かせしてもらうと，子どもたちの読書意欲が高まる。

もちろん担任が小学生のころ好きだった本も実物を用意して紹介する。

アンケートの例

保護者のみなさまへ

小学生のころ好きだった本を教えてください。

学級通信で子どもたちに紹介させてください。

このまま印刷するので、ボールペンか万年筆でお書きください。

本の名前	
書いた人	
好きだったわけ	 お名前（　　　　　　　　　）

参考原稿

本の名前	おふろだいすき
書いた人	松岡享子・作　林明子・絵
好きだったわけ	おふろに、次々に現れる動物たち。小さいころ、おふろに入る前に母にせがんで読んでもらっていました。　　　お名前（佐多 真由美）

19　図書室大特集

図書室をより身近に感じてもらうために，学級通信で図書室を特集しよう。

完成まで

① 司書など図書室の担当者にインタビューする。
　・○年生に，人気のある本は何ですか？
　・○年生は，いつ本を借りにきますか？
　・本を借りに来る子どもたちの態度はどうですか？
　・子どものころ好きだった本は何ですか？
② 担当者の写真やインタビュー，図書室の様子が伝わる写真を掲載したり，図書室の中で○年生に人気の本の場所を簡単な地図で紹介するのもいい。

もっと楽しむためのアイデア

・保護者に図書室を見てもらうために，保護者向けの図書室クイズを掲載する。
　正解された方には，簡単な商品をプレゼントできたらいい。
・子どもたちが本を借りることのできる公立図書館などの場所や貸し出し時刻，貸し出しカードを作るために必要な書類などを紹介する。

としょしつ大とくしゅう

インタビュー
としょしつの 有村真美(ありむらまみ)先生

・1年生に 人気のある本は何ですか？
『ぐりとぐら』シリーズが，今一番人気があります。

・1年生は いつ本を借りにきますか？
昼休みに 友だちと借りにくる子が多いようです。

・本を借りる 1年生の態度はどうですか？
とっても おりこうで，あいさつもちゃんと してくれます。

・子どもたちに どんな本をすすめたいですか。
すてきな絵本を 楽しんで欲しいです。

・先生が 子どものころ好きだった本は何ですか？
『どうぶつえんが できた』という本が好きでした。

ありがとうございました。

　　子どもたちのリクエストに応えて本を入れてくださったり，探している本をすぐに見つけてくださる，頼もしい図書室の先生です。
　　ぜひ次の参観日には，図書室も散歩してみられませんか。

図書室○×クイズ　親子でチャレンジ！　解答は明日掲載します。

1　図書室には，1000冊ぐらいの本がある。

2　図書室には，英語の絵本がある。

3　図書室には，100年以上前の古い本がある。

4　図書室には，毎日子どもが200人ぐらいやってくる。

5　図書室では，てい電している時，本を借りられない。

20 群読テキスト

群読のテキストを通信に掲載し，学校で練習して持ち帰らせる。保護者にもぜひ一緒にと呼びかけよう。

完成まで

① 群読のテキストを作成し，学級通信に載せる。家族構成を考え，2人用のテキストを基本にする。

② 国語の授業時間などに，通信に載せる群読を楽しむ。

　そして，家族と群読をするという宿題を出す。通信にも，この宿題について書く。

③ 宿題をした後で，保護者には感想欄にチェックをしてもらう。

・（　）タイミングもよく合い，気持ちを込めて楽しく読めた。

・（　）タイミングが合わず難しかったが，楽しく読めた。

・その他（　　　　　　　　　　　　　　　　　）

④ 感想を集約して学級通信で紹介する。

もっと楽しむためのアイデア

・学級PTAで群読の授業をすると，保護者も雰囲気がわかり，意欲的に子どもと群読を楽しむようになる。

・テキストの一部を「　　　」と空白にしておき，親子で話し合って書き入れてもらうようにすると，より楽しんでもらえる。

2人でたのしむ ぐんぐんくりかえし

1「あっ、にじ。」
2「きれいだなあ。」
1「なないろだね。」
2「おいかけてみたいな。」
1・2「こう、いっしょに にじをつかまえに。」

1「たべたいのは なに?」
2「あいすくりーむ。」
1「おれもらいすだ。」
1・2「おなかすいたー。」

1「はる。」
2「さくら。」
1「なつ。」
2「ひまわり。」
1「あき。」
2「こすもす。」
1「ふゆ。」
2「ゆきだるま。」
1・2「えっ?」

1「しろねこ。」
2「まだらねこ。」
1「ごひきで。」
2「きただぞ。」
1「そろりと。」
2「まだぞ。」
1「はらはねこ。」
2「にげかたとぞ。」
1「おかって。」
2「にげきりとぞ。」
1「にしやーと。」
2「ないたぞ。」
1・2「かおいぞ。」

保護者感想欄

・( ) タイミングもよく合い、気持ちを込めて楽しく読めた。
・( ) タイミングが合わず難しかったが、楽しく読めた。
・その他 (　　　　　　　　　　　　　　　　　　)

21　算数パズル

子どもたちと楽しんだ算数パズルを紹介しよう。点数や宿題だけが算数の話題にならないようにしたい。

完成まで

① 子どもたちが学習した範囲で解ける問題を見つける。

算数・数学パズルの本が多数出版されているので，参考にする。

マッチ棒パズル，コインパズルも人気がある。

② 算数の授業の導入やまとめの段階で，算数パズルを子どもたちに考えさせる。

③ 授業で使った算数パズルを通信にそのまま掲載する。

答えは子どもたちが知っているので，子どもに聞いてくださいと書く。

④ 授業でやっていない算数パズルを，宿題として通信に掲載する。

親子で考えて，答えがわかったら，切り取れるようにしてある解答用紙に書いて出してもらう。

答え合わせは締め切り後に学校で行う。

もっと楽しむためのアイデア

- ひとつのパズルの解き方を教えたら，数字を変えただけのパズルや，似た発想で解けるパズルを紹介する。自力でパズルを解けた喜びを全員に体験させたい。

算数パズルの例

① □にあてはまる数は？

```
4 6 1 4 5 3 3
 0 7 5 9 8 6
  7 2 4 7 4
   9 6 1 1
    5 7 2
     2 9
      □
```

② □にあてはまる数は？

4 9 3 2 5 7 □

③ □にあてはまる数は？

8 3 4 2 8 6 □

④ □にあてはまる数は？

1 2 4 7 11 □ 22

⑤ □にあてまる数は？

1 → 5 → 10 → 50 → 100 → 500 → 1000 → □□□□ → 5000 → 10000

⑥ □にあてはまる数は？

1 2 1 9 2 1 5 6 2 1 1 9 8 7 5 2 1 1 4 7 3 6 4 □ 1

解答
① 1　横の2つの数を足す。次に，答えの一の位だけを下に書くルール。
② 2　2つの数を足す。次に，答えの一の位だけを右に書くルール。
③ 8　横の2つの数をかける。次に，答えの一の位だけを右に書くルール。
④ 16　左から，＋1，＋2，＋3と加える数を1ずつ増やしていくルール。
　　　1＋1＝2，2＋2＝4，4＋3＝7，7＋4＝11，11＋5＝16，16＋6＝22。
⑤ 2000　日本の通貨の種類を金額の少ないものから順に並べたもの。
⑥ 2　2の次はいつも1になるルール。

22 指算九九通信(ゆびざん)

指を使ったかけ算九九を紹介しよう。

完成まで

① 2年生のかけ算九九の指導が終わった後で，かけ算の指算を裏技として紹介する。

　イラストで紹介してもいいし，手を撮影して写真で紹介してもいい。

② かけ算九九を覚えることが苦手な子どもへの支援になるだけでなく，算数の面白さを子どもたちに伝えることもできる。

③ 保護者にも通信で指算を紹介し，子どもと楽しんでもらう。

　通信で紹介したら，次の学級PTA話し合い活動の場などで保護者に実演して練習してもらう。

④ 指算九九通信を教室に掲示し，子どもたちが親しむようにする。

もっと楽しむためのアイデア

- 3年生以上の子どもたちも指算に興味を持つ。
  算数を好きな子どもを増やすためにも，通信に載せるなどして紹介したい。
- 15×15までの計算も指算でできるので，3年生に指導する。

指算九九

「1×1」から「5×5」まで おぼえたら,「9×9」までは 指算でも できるんです。面白いですね。

(例) 6×7　　(6-5=1) (7-5=2)　　立っている指 4×3=12
　　　　　　1本折りまげる　2本折りまげる　　折りまげた指 10+20=30
　　　　　　　　　　　　　　　　　　　　　　12+30=42

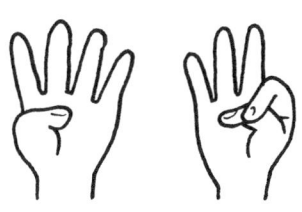

(例) 9×8　　(9-5=4) (8-5=3)　　立っている指 1×2=2
　　　　　　4本折りまげる　3本折りまげる　　折りまげた指 40+30=70
　　　　　　　　　　　　　　　　　　　　　　2+70=72

① 立っている指同士 かける。
② 折った指は,1本を10と数えて両手の数を足す。
　①+②が,かけざんの答え

実は,15×15まで 指算で できるそうです。

(例) 13×14　　(13-10=3) (14-10=4)　　折りまげた数 3×4=12
　　　　　　　3本折りまげる　4本折りまげる　　折りまげた数 30+40=70
　　　　　　　　　　　　　　　　　　　　　　　100+70+12=182

23　算数の指導ポイント

保護者が家庭で子どもたちに指導しやすいように，学校でどのように教えているかを，わかりやすく通信で伝えよう。

•完成まで•

① 全部の単元だと大変なので，四則計算を中心に通信で紹介する単元を決める。

② 計算の手順は，ノートの書き方や文字の大きさも含めて，ていねいに通信にまとめる。

　手順はすべて言葉で書くことが大切である。

　算数が苦手な子どもの場合，家庭で保護者から助言してもらえるとありがたい。

③ 補助記号などで，全員に書かせるものと，特に苦手な子に書かせているものとあるなら，どちらともわかりやすく紹介しよう。

④ PTAの話し合い活動の時には，保護者に質問がないか聞いてみよう。

　学校で基本の計算方法としている以外の計算方法についても，こだわらず認めていることを説明しよう。

もっと楽しむためのアイデア

・重要な計算は，授業参観で取り上げて授業を見てもらった上で説明するとわかりやすい。

くりあがりのある足し算

○1位数＋1位数のくりあがりあり

$9+7$　　　$9+7=16$
　　　　　　　　$\uparrow$
　　　　　　　16　← 10を◯でかこむ

9と1で10なので
7を1と6にわける
9と1で10, あと6あるから, こたえは16

くりさがりのある引き算

○2位数－1位数の くりさがりあり

$16-7$　　　$16-7$　　16
　　　　　　$10\ 6$　　-7

6から7は引けないので
10のくらいの1をくりさげて
10引く7は3　　　　　　　$10-7=3$
　3とのこっている6を足して　$3+6=9$
こたえは9

24　図工の材料協力

図工で使う材料や道具の準備は，早めにわかりやすくお知らせしよう。

完成まで

① 4月に年間の図工単元を確認する。特に大切なのは，必要な材料とその入手方法である。

図工教材として専門業者から購入する場合は，納入にかかる時間を考えて余裕を持って発注する。

② 保護者に用意してもらう場合は，1ヵ月前には案内したい。

年間の予定を確認したら，一覧表に保護者の協力が必要なものにマークをつけ，教室の目立つ場所に掲示する。

③ 保護者に依頼する物は，1ヵ月前に，わかりやすく予告する。

用意してもらう物の，名称，大きさ，サイズ，目的，間違いそうな物との区別などを明確に書くことが大切。

また，代用品で構わない物は，○○○でもいいと忘れずに書く。

1ヵ月前だと，保護者は実家などから借りてくることもできる。

迷った時に連絡ノートなどで，教師に聞く余裕も生まれる。

もっと楽しむためのアイデア

- 児童の作品を写真に撮っておくと，次に同じ教材を教える時に，授業でも通信でも，作品例として紹介することができる。

用意する材料と道具を子どもたちに説明しました。

> ## 12月1日（水），図工で『私の町』を作ります！
> 1時限目（8時50分）〜3時限目（11時30分）

・材料と道具は，<u>11月24日（水）から11月30日（火）</u>までに教室に持って来て，材料おき場と道具おき場においてね。
・だれの物かわからなくなるので，ビニール袋に入れて，名前をしっかりと書いてね。

必要な材料
1人ひとり違います

土台になるものがひとつ必要です。
　（例）・A3かB4サイズの段ボール
　　　　・同じぐらいの大きさの発泡スチロール
　　　　・同じぐらいの大きさの板

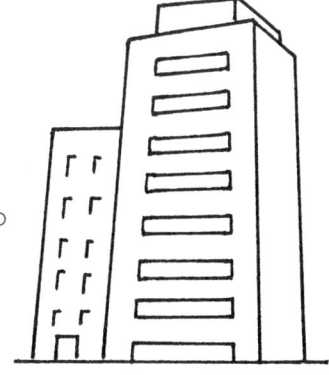

町を作る材料が必要です。
　　建物，道路，車，自然……。
　（例）・段ボール
　　　　・画用紙
　　　　・紙箱（空容器）
　　　　・紙コップ

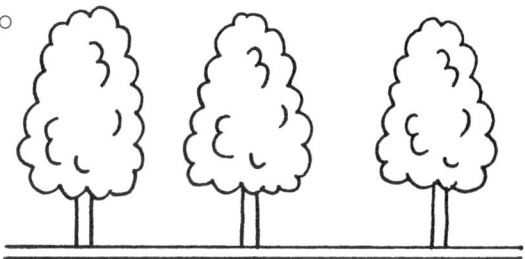

くっつけたり，色をつける材料が必要です。
　（例）・のり，輪ゴム，テープ，ガムテープ
　　　　しっかりくっつくようにしようね。
　　　　きれいに仕上がることも大切だよ。
　　　　ホッチキスは使いません！

25 タネつき通信

生活科や理科などで栽培する植物のタネを，育て方の説明を書いた通信にくっつけよう。

完成まで

① 生活科や理科，学級園などで育てる植物は，なるべくタネから育てる。
② タネは少し多めに準備する。
③ 通信に，タネまきからタネの取り方まで，くわしい育て方を載せる。
④ 通信に，小さなチャックつきビニール小袋をクリップでとめて，タネを入れて持たせる。
⑤ 親子でタネをまき，世話をすると，ふれ合いの機会になるだけでなく，子どもたちが植物により興味を持つようになる。

もっと楽しむためのアイデア

- 市販されているタネの袋をイメージして，表に植物の名前と成長した時の写真，裏が植物の育て方の説明になるように原稿を作成し印刷する方法もある。
- 袋とじして中にタネを入れると，ユニークな学級通信ができあがる。
- 学校行事などで，新1年生に何かプレゼントをする企画がある場合も，この袋の形で準備しておくと便利だ。

※子どもたちに，タネを入れる特製袋を作らせよう

線に沿って切る

朝顔のタネ

百多1ま1年せいパンごう
元気に育ってね。

タネまき □まく前に5時間ほど水につけて、水を吸ったタネをまく。鉢植えの場合は、4～6号鉢に3つ植え、間引きして最後はひとつにする。
土 □草花用の市販の土。または、赤玉土小粒5：腐葉土4：川砂1。地植えなら水はけがよくて日当たりのいい場所。
つる □つるを、何にからませるかを考える。
水かけ □土の表面が白く乾いたら、たっぷりとかける。真夏は朝・夕の涼しい時にかける。
肥料 □鉢植えは、土にゆっくり効く肥料を混ぜる。つぼみが見えたら液肥を週1回かける。地植えは、元気がない時は液肥をかける。
摘心 □本葉8枚で芽をつむ。枝分かれしたものの一番元気のいいもの以外切る。

朝顔のタネをまきました。
個人用の金本に1人3米立です。

めがはやく
みたいなぁ。

きれいに
さくといいなぁ。

タネがたくさんあったので、特製袋（これ）に入れて持ち帰ります。
よかったら育ててみてください。
おじいちゃん，おばあちゃんにプレゼントしても喜ばれそうです。

26　名前の詩

名前の詩は子どもたちが大喜びする定番の創作活動。家族の名前の詩を宿題に出そう。

・完成まで・

① 名前を右から左に平仮名書きして(右ページ参照)，詩を作ることを，教師の名前を使って説明する。

　　　[く]んくん　　　　　　[い]っしょにたべよう
　　　[ら]ーめんのにおいだ　[つ]るつるつる
　　　[み]つけたよ　　　　　[し]あわせだあ
　　　[つ]きのしたで

② 子どもたちに，縦罫線の用紙を配って，まず名前だけを書かせる。

③ 名前の詩を書かせる。

④ 一番気に入った作品を，通信に書き込ませる。教室掲示用の画用紙にも書き込ませる。

もっと楽しむためのアイデア

・保護者にも名前の詩創作を呼びかける。
　出していただいた分は，通信で紹介したり，教室掲示に使うこともあることを断っておく。
　子どもたちが使った用紙と同じ用紙に書いていただく。

名前の詩を楽しみました。

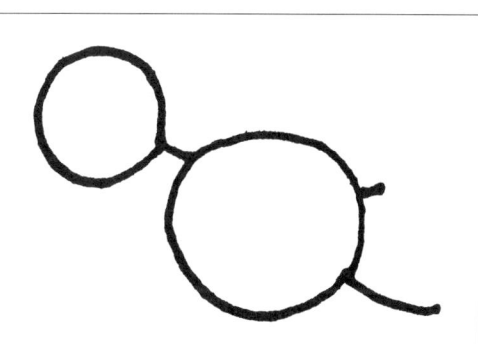

保護者の皆様に
大募集

名前の詩を作ってみませんか。

　子どもたちの作品を参考に、ご自分の名前の詩を作ってみられませんか。
　作品は、ぜひ学級通信に掲載したいので、子ども便でお届けください。
　教室に掲示をさせていただくこともあります。
　用紙を持たせましたので、よろしくお願いします。
　お待ちしています。

27　一目でわかる運動会案内

自分の子どもが，どの種目の時に，どこにいるかが一目でわかる案内地図を載せよう。

完成まで

① 運動会の簡単な会場図を作る。
　校舎，本部テント，学級応援席など，目印になるものを明示する。
② 子どもたちの出演する種目ごとに，学級の児童がどこにいるかを記入する。
③ 入場行進や開会式，閉会式では，どこにいるかわかるようにする。
④ ダンスは，隊形ごとに位置を示す。
⑤ 短距離走は，スタートとゴールを明示する。
　出場順やコースの一覧表もつける。
⑥ 特に撮影用の場所が設定してある場合は地図に明示する。
⑦ 保護者が子どもたちと演技する種目は，集合場所を書き入れる。

もっと楽しむためのアイデア

・種目ごとに，子どもがメモを記入する欄を作り，練習のことや見て欲しいところを書き込ませると，子どもたちのやる気も高まる。

3年2組運動会マップ

いよいよ大運動会です。　応援よろしくお願いします。

開会式・入場行進・応援席

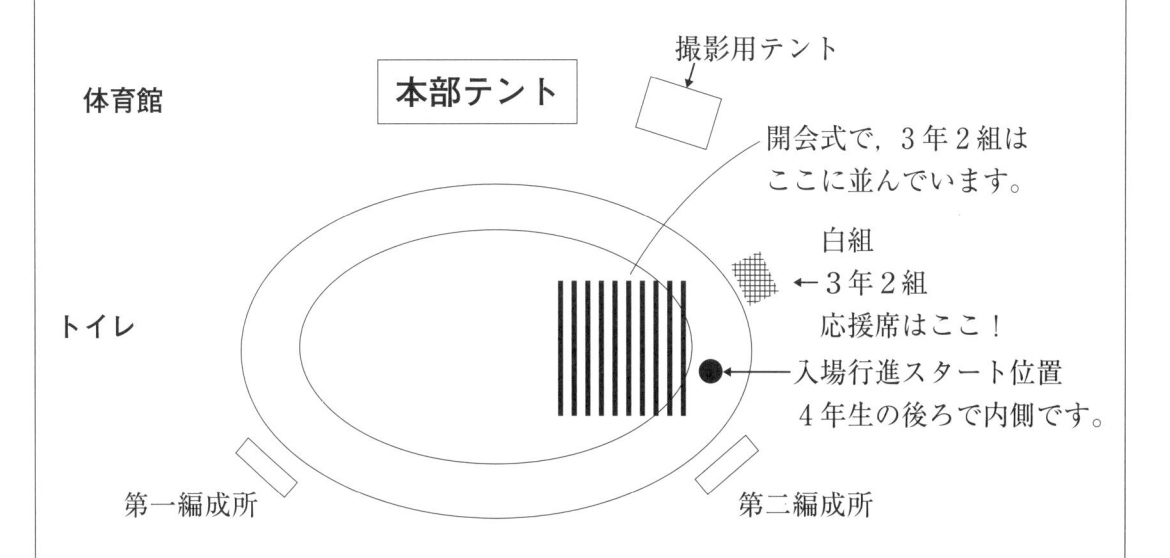

撮影用テント
体育館
本部テント
開会式で，3年2組はここに並んでいます。
白組
←3年2組
応援席はここ！
トイレ
入場行進スタート位置
4年生の後ろで内側です。
第一編成所　　第二編成所

表現『スーパーバード2010』

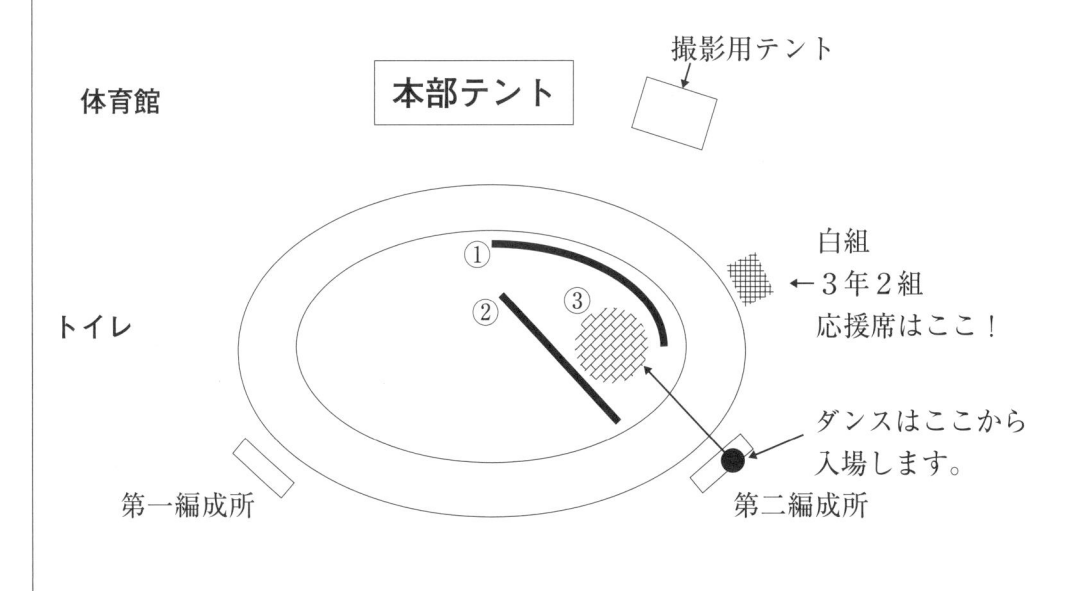

撮影用テント
体育館
本部テント
① ② ③
白組
←3年2組
応援席はここ！
トイレ
ダンスはここから入場します。
第一編成所　　第二編成所

28　持久走大会速報

持久走大会当日，空欄を埋めるだけですぐに完成する通信を用意しておき，その日に持ち帰らせよう。

完成まで

① 持久走大会の指導では，自己ベストタイムを少しでいいから短くすることと気持ちよく走ることを目標に指導する。

② 当日，到着順に順位カードを持たせる。

③ 審判係から，ストップウォッチのプリンターで印字した記録をもらう。

④ 学級通信の原稿は，事前に作成しておく。

練習始めのタイム，練習中のベストタイム，目標タイムは，前日までに子どもに記入させるか担任が記入しておく。

⑤ 走った後，順位カードを貼りつけさせる。

タイムを教えて自分で記入させる。ひとこと感想を書かせる。

担任がタイムなどを確認し，担任印を押し，全員表彰して持ち帰らせる。

もっと楽しむためのアイデア

・いつもはざら紙の学級通信でも，今回は色画用紙を使うと見栄えがいい。
・走っている時の写真を撮れそうなら，写真を貼る場所を作っておき，後日配付し自宅で貼ってもらう。

わっはっはつうしん　そくほう　じきゅうそう大会　　20○○年　○月○日

1230ｍ 完走（かんそう）おめでとう

2年　名前　わたり　えつみさん

れんしゅうはじめの　タイム　　　　　6 分 37 秒
れんしゅうちゅうの　ベストタイム　　6 分 21 秒
もくひょうタイム　　　　　　　　　　6 分 10 秒

タイム　6 分 8 秒

着順カード

9

はしりおわって……
もくひょうタイムより いいタイムで うれしかった。

先生からのメッセージ

すごい！おめでとう！
れんしゅう がんばったからだね。

くらみつ いつし

29 植物マップ

学級園や生活科園を中心に，植物の名前や豆知識を書き込んだ通信を発行しよう。

完成まで

① 学級園と生活科園，学級の近くの花や樹木の名前を子どもたちと調べる。

② 子どもたち1人にひとつ，花や樹木を担当させる。

③ Ａ５程度の大きさの紙に２Ｂ以上の鉛筆かサインペンで，担当になった植物の名前とその植物のわかっている特徴を書かせる。

植物を観察してスケッチをさせ，気がついたことを書かせる。

自分の名前も忘れないように書かせる。

④ できあがった紙を通信で少しずつ紹介する。

教室に，簡単な学校地図を掲示し，子どもたちの書いた植物カードを貼っていく。

⑤ 地図には，植物の写真も貼っていく。

もっと楽しむためのアイデア

・子どもたちの書いたカードを縮小し，Ａ３の用紙に貼り合わせると校内植物マップが完成する。

これを印刷して資料として，授業参観日に，調べた植物を発表する授業をする。

・植物の写真を子どもたちに撮らせ，大型テレビなどで見せる。

なまえ	イチョウ
しゅるい	(木)
ばしょ	(もんのところ)

きがついたこと・しらべたこと

アヒルの足といういみのちゅうごくごからついたなまえ。
あきには、ぎんなんというみができる。

書いた人 (もりゆうた)

なまえ	ホテイアオイ
しゅるい	(水にうくしょくぶつ)
ばしょ	(いけ)

きがついたこと・しらべたこと

なつにきれいなむらさきの花がさくそうです。

書いた人 (さかもとけい子)

30 大笑いニュース

学級で起きた大笑いニュースをスポーツ新聞のような大見出しで紹介しよう。

完成まで

① 大笑いできるニュースがあった時がチャンス。
- 教室に迷い込んできた小鳥がなかなか教室を出て行かず、みんなで大騒ぎしたこと。
  見出しは『小鳥救出大作戦！』。
- 体験入学で日本語がほとんど話せない中国人の少年が学級にやってきた。その子どもと1日限りの交流をする中で、学級の子どもたちが体験した感動。
  見出しは『ニイハオ！　○○さん、ありがとう』。

② 写真も入れて、スポーツ新聞スタイルで見やすい紙面を作る。

③ タイトルやサブタイトルを少し大げさにしたり、大きな文字で表現する、書体を目立つものにするなど、視覚に訴えるよう工夫する。

④ 特定の子どもの失敗を題材にするなど、子どもと保護者の心情を害するような内容にならないように十分配慮する。

もっと楽しむためのアイデア

- 本物のスポーツ新聞から使える活字を切り取って通信に貼りつけると目立つ。

3－3そよ風通信 39　　　　20○○年○月○日

23日10時42分 史上初？真昼の教室で発見
(しじょうはつ) (まひる) (きょうしつ) (はっけん)

コウモリがやってきた！

　○○日，音楽室での学習が終わり，子どもたちといっしょに教室に戻ってきました。その時です。教室の後ろの壁に貼った地図がバタバタと音を立てながら，揺れるではありませんか。
　「何だろう」「ネズミ？」「ヤモリ？」
と口々に言うものの，みんな恐いのか近づこうとする子どもはいません。
　みんなびっくりして，見ていると，地図のバタバタしているところに，黒い小さな固まりが見えました。
　「コウモリだ！」
　けんたろうさんが，叫びました。

やった！　ぜんいん　せいこう

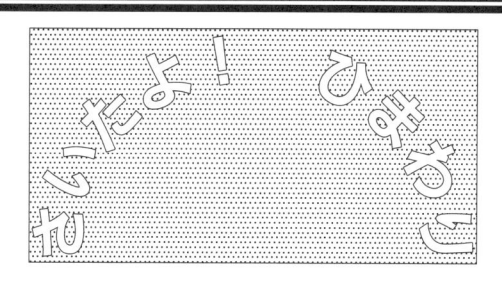

やったよ！
ひゃー

世界新記録！

おめでとう！

31　書き込み式通信

学級通信の一部を穴埋めにし、子どもたちそれぞれに書き込ませて完成させよう。

完成まで

① 行事や授業をレポートする文章を書く。
　子どもたちに書き込ませる部分を「　」にする。

（例）
　今日の3時間目は、かさいひなんくんれんでした。
　きょうとう先生が、放送で「　　　　　」と言いました。
　○○先生の合図で、こうていにひなんしました。
　しょうかきを使ってお兄さんたちが、しょうかのれんしゅうをしました。
　わたしは、「　　　　　　　　　　」と思いました。
　つづいて、しょうぼうしょの人の話を聞きました。
　わたしは、「　　　　　　　　　　」と思いました。
　家の人に「　　　　　　　　　　」と話したいと思います。

② 通信を配付して「　」に書き込ませる。
　一度集めて、明らかな間違いは子どもに教えて書き直させる。

もっと楽しむためのアイデア

・穴埋めが難しいと思われる時は、「　」にあてはまる言葉の候補を下にまとめて書いて、子どもたちに参考にさせる。

道徳で，ないている友だちのことを考えました

今日の3じかん目は道徳でした。
　まず，蔵満先生が，「**ないている子どものかおをかきましょう**」と言いました。
わたしは，こんな顔を書きました。
　蔵満先生が，「その子がどうしてないているかを，そうぞうしてください。そして，ないているわけを，文章で書きましょう」と言ったので，こう書きました。

> ❶ともだちに
> くつを かくされた。
> ふでばこが みつからない。

　みんなの考えた，ないているわけを教え合いました。
　友だちの発表を聞いていて，なるほどと思ったものをひとつしょうかいします。

> かっていた ねこが びょうきで しんで
> しまったから。　　　　　　（おおしげ）さんの発表

　次に，自分の書いたものの中からひとつえらんで，自分の友だちが，そういうりゆうでないていたら，どう声をかけるかを考えました。えらんだものには赤丸がしてあります。
　わたしは，

> いっしょに さがしてあげる。

と話しかけようと思いました。
　次に，「友だちのけしゴムをなくしてしまった。いくらさがしても見つからないのでないている」子どもに，どう話しかけるか，げきをしました。
　わたしは，

> どこに おちたの かなあ。
> いっしょに さがすよ。

と話しかけようと思いました。
　今日の道徳の勉強の感想です。

> ないている ともだちが いたら、はなしを
> 　　きくようにしようと おもいました。

32　図工作品の鑑賞感想通信

子ども同士で書き合った図工作品の感想を，個別通信にまとめよう。

・完成まで・

① 図工作品の鑑賞会を行う。
② 原稿を用意して，同じ班の友だちの作品を見て感想を書かせる。
　時間がある時は，他班の友だちの作品にも感想を書いていいことにする。
③ 学級通信に，子どもの作品の写真，本人の感想，班の友だちの感想を貼りつけて持ち帰らせる。
　不適切な感想がないか，必ず確認する。
　子どもの作品写真は，全員の作品を写真に撮り，Ａ４用紙に何人分かまとめて印刷して切り取ると作業の時間が短くてすむ。

もっと楽しむためのアイデア

- 参観日の前に発行すると，保護者も作品鑑賞がより楽しめる。
- 国語の作文，習字，社会や理科の自由研究，音楽の歌や演奏，体育の演技などでも同じ方法で個別通信を出すことができる。
- 作品の感想の書き方も実例を教材に，子どもたちに指導する。

図工 かみねんど ちょきんばこ

大きくて、りっぱなきょうりゅうで、すごいなあ。
かずむ

たくさんお金がたまりそう。かっこいいです。
ゆか

かっこいいちょきんばこができたね。
みどり

はくりょくがあるなあとおもいました。
ひろむ

あとむ 作

テーマ きょうりゅう ちょきんばこ

きをつけたこと
きょうりゅうの口が、お金を入れるところになるようにしました。

かんせいしました……かんそう
ごつごつした じょうぶな ちょきんばこができて、うれしかった。

33　オリジナル・クロスワードパズル

子どもたちと保護者が楽しめるクロスワードパズルを作って載せよう。

完成まで

① 何かテーマを決めて，思いついた言葉を平仮名で箇条書きにする。
　（例）
　　テーマ（　　　）
　　思いついた言葉（　　　　　　　　　）
② 同じ平仮名を使っている言葉を見つける。
　なければ，新たに同じ平仮名を使う言葉を考える。
　国語辞典とカタカナ辞典があると便利。
③ 縦横に，同じ平仮名をつなぎ目にして言葉をつないでいく。
④ 縦横で空白を埋めるためのヒントを考える。
⑤ 回答と名前を書く欄を作る。
⑥ なかなか完成しない時は，大きなテーマにしたり，テーマを限定せずに作成すると作りやすい。

もっと楽しむためのアイデア

・作るのがとても大変なので，保護者にも呼びかけてみよう。
　クロスワードパズルが好きな保護者がいたら協力してもらう。

オリジナル・クロスワードパズル

1 ね	4 あ		11 さ		
3		6 え		7 ぴ	8
		ぽ	あ	み
2	ち	5 ご			
ぬ		9	ん	12	
	10 さ			ま	

たて

1. ニャーとなく○○
2. ワンとなく○○
3. ○○だ，かさがいるよ
4. 大きなどうぶつ○○○
5. ハローは○○○
6. いい音のでる○○○
7. たかくつめるかな○○○
8. ゆっくりお○○○
9. しろ○○くろ○○

よこ

2. 赤い。ケーキによくのっている○○○
3. ライスともいう○○
6. かくどうぐ○○○○
9. 赤い○○○
10. たべものをのせる○○

☐ にはいることばを ならびかえると よくつかう どうぐの なまえに なるよ。

こたえ ☐ ☐ ☐ ☐

たてよこ文字パズル

□に文字をいれて，たてと よこの ことばを かんせいさせよう。

た ①ぽ　　は ②のす　　た ③こ　　さ ④ふ　　か ⑥たて　　か ⑧ら
か　　　　ご　　　　　ご　　　　の　　　　が　　　　　も
ち　　　　　　　　　　　　　　　⑤　　　　お ⑦ず　　　ちょう

こたえ オリジナル・クロスワードパズル……あみぼう
たてよこ文字パズル……①ん，②り，③い，④い，⑤ち，⑥ん，⑦か，⑧め

34　おまけ―塗り絵，シール，切手，スタンプ

通信に，ちょっとしたおまけをつけて，いつもと違う楽しい通信にしよう。

完成まで

① 子どもたちは塗り絵が大好き。

　通信の中に，塗り絵を入れると，大喜びして色をつけ，鮮やかな通信に仕上げる。

② 雑誌の付録のシール，外国の切手や琉球切手，使用済み切手などを集めておき，通信の内容に合わせて使い，ちょっとおしゃれな通信にする。

③ スタンプを使えば，鮮やかなカラーを簡単に学級通信に添えることができる。原稿に黒で押してもいい。

④ けしゴムはんこを作るのも楽しい。

　経費は少なくてすむし，いろいろな種類をそろえることができる。

⑤ パソコンでオリジナルのイラストを作成し保存しおくと，簡単に通信に使える。

　例えば，ワープロソフト一太郎なら簡易作図を使うと楽しいイラストがすぐに描ける。

　webでも，無料で使えるイラストも多数公開されている。

もっと楽しむためのアイデア

・スタンプ台は，単色だけでなく，複数の色がセットになったものもあり，多様な色を使うことができる。

塗り絵

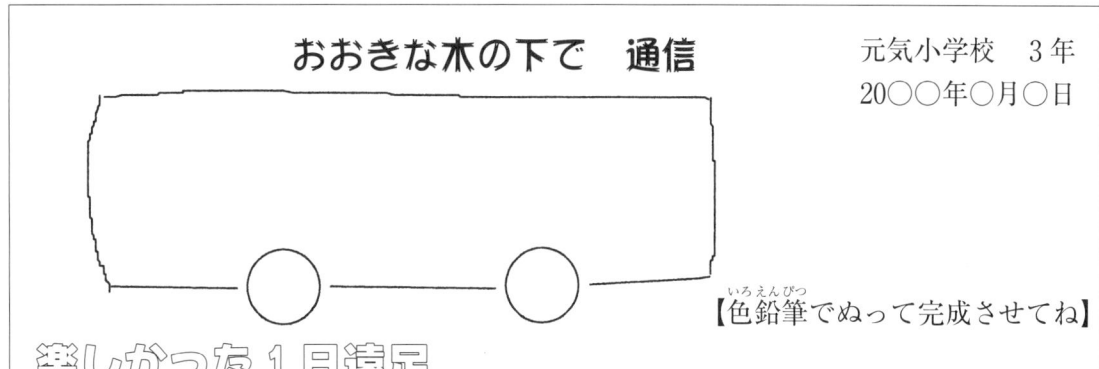

おおきな木の下で　通信

元気小学校　3年
20○○年○月○日

【色鉛筆(いろえんぴつ)でぬって完成させてね】

楽しかった1日遠足

　バスに乗って，元気町の南にある海の見える公園やかまぼこ工場を見学しました。
　「きれいな海だった」「お弁当がおいしかった」「ゲームも面白かった」と，子どもたちに大好評でした。
　天気がよくてなによりでした。
　とてもいい思い出が，たっぷりできました。

ワープロソフトの簡易作図で簡単イラスト作り

35　ワンポイントカラー

通信の一部をカラーにすると，ちょっと特別な通信になる。

完成まで

①　見出しのみ，または1枚の写真のみカラー印刷する。ワンポイントカラー印刷はプリンターで簡単にできる。

　ただ，いつもの紙では満足できる美しさは期待できない。だからと言って，写真用の光沢紙を使うと経費がかかりすぎる。

　そういう時は，写真以外の部分を通常の紙で印刷し，写真の部分だけ写真用の光沢紙などで印刷すると経済的である。

　例えば，学級の旗，学級で飼っている金魚，みんなで育てたキュウリやニガウリ，受賞した絵画作品など。

　1枚の写真用光沢紙に8枚とか16枚とか印刷して，切って通信に貼ればいい。

②　同じ方法で，1人ひとりの通信に違う写真を載せることも簡単。

　絵，工作，育てている植物，習字作品，硬筆作品など，個別の写真を簡単に用意できる。

もっと楽しむためのアイデア

- セピア色の写真を貼りつけるのも，時には効果的。
- 写真に子どもたちそれぞれのコメントをつけさせると，より楽しい通信ができあがる。

```
太陽ニュース　第〇〇号
　　　　　　〇〇〇〇年〇月〇日
```

生活科の授業で郵便局を見学に行きました。

写真は，ドライブスルーポストです。

中を開けてくださったので，子どもたちはポストの中を交代でのぞき込みました。「車に乗ったまま，郵便を出せるんだよ」という説明に，子どもたちは「すごい」と感心していました。

小さいサイズの写真でも，貼りつけると，大きな情報になる。

※カバーの裏参照

```
ひまわりニュース　〇〇〇〇年〇月〇日
　　　　　　　　　第〇〇号
```

鹿児島造形展に出品する作品が完成しました。明日が提出期限なので写真を撮りました。
・ツマグロヒョウモンの幼虫
・アサガオの花　　　　　　だい（　　　　　　）
・学校のニワトリ　　　　　描いた人（　　　　　　）

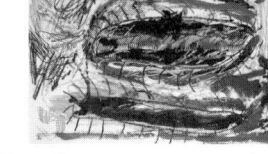

数十枚の写真をカタログ印刷して切って貼りつけると，一部個別通信のできあがり。

広角レンズがあると，教室全体も1枚の写真で表現できる。

マクロレンズがあると，迫力のある植物や昆虫などの写真が撮影できる。

36　教師がいない日の特別通信

出張などで前もって休むことが決まっている日に，たまには学級通信を用意して，他の教諭に配付してもらおう。

完成まで

① 「遠くからみんなのことを見守っているよ」というニュアンスの通信になる。

あいさつを書く。

「今日は，○○学校の子どもたちのべんきょうの　ようすを　みにいったので　おやすみしました。みんなは，先生の　いない1日を　どんなふうに　たのしくすごしたのかな。」

② 自習計画の表の右側に，代わりに教室に入ってくださった教師の名前と，ひとことコメントを書く欄を用意する。

③ 代わりに教室に入ってもらう教師に，特別通信の意図を説明して協力を求める。

④ 最後の授業が終わった後，子どもたちを下校させてもらう教師に原稿を印刷・配付してもらう。

⑤ 最後の欄には，チェックコーナーを用意して，子どもたちにふり返ってもらい，そのまま持ち帰らせる。

もっと楽しむためのアイデア

・前年度に担任した教師が在籍している時は，意図的に代わりに入ってもらい，通信にもたっぷりコメントを書いてもらおう。

太陽ニュース

20○○年○月○日

　今日は、○○学校の子どもたちのべんきょうの ようすを みにいったので おやすみしました。

　みんなは、先生の いない１日を どんなふうに たのしくすごしたのかな。あした、はなしを きくのが たのしみだなあ。

じかんわり	きょうか	かわりの先生の名前	かわりの先生からのメッセージ
あさのかい		みなみ先生	みんなきてたのでよかった！
1	さんすう	たけなか先生	いっしょうけんめい べんきょうしたね。
2	こくご	はたの先生	はっぴょうをよくしました。
3	ずこう	うちの先生	わすれもの０！えらい！
4	ずこう	こばた先生	いいさくひんが かんせいしましたね。
きゅうしょく		いけはた先生	おいしかったね。
そうじ		いけはた先生	とても きれいになりました。
5	せいかつ	すえよし先生	あさがおのえを かきました。
かえりのかい		かど先生	いちにち よくがんばったね。

　１日をふりかえって　名前（ そのだ みほ ）

・げんきにすごしましたか。　　　　　　　（ ⓗい　いいえ ）
・友だちとなかよくできましたか。　　　　（ はい　ⓘいえ ）
・かわりに来られた先生と話しましたか。　（ ３ 人の先生と話したよ ）
・そうじはがんばりましたか。　　　　　　（ はい　ⓘいえ ）
・机の中はきれいですか。　　　　　　　　（ はい　ⓘいえ ）

37 写真ニュース

たまには思い切って写真中心の学級通信を出してみよう。シンプルなメッセージを伝えるには最適。

完成まで

① 行事の様子を的確に伝えられる写真を，通信の中心に置く。

白黒での掲載になるので，明暗のはっきりした写真がいい。通信用の写真として，初めから白黒で撮影する方法もある。

何を伝えたいのかが，はっきりわかる写真がいい。伝えたいものを中心にし，ズームで強調したい。

学校の場合，最低でも5倍，できれば10倍のデジタルズームが欲しい。遠くからアップで撮れるというだけでなく，被写体にカメラを意識させずに写真を撮れる利点が大きい。

広角レンズもあると，教室での撮影がしやすい。

② 写真の解説という形で説明を書く。

写真週刊誌のつもりで解説を書くと読みやすい。

長文はさけ，読点で改行するなどして読みやすくする。

③ 教室に多機能プリンタがあるなら，原稿とは別に必要な写真を1枚プリントアウトして，原稿に貼りつける方法もある。

もっと楽しむためのアイデア

・原稿の真ん中に写真を1枚貼り，周囲に手書きで解説などを書き入れて印刷するのも楽しい。

1枚写真通信　　特別な時は，Ａ４サイズでも出します。

わっはっは　122　　元気小　1年○組
　　　　　　　　　　　　がっきゅうつうしん　○○○○年○月○日

ゆきだるまを　つくったよ！
　かわいいって　ひょうばんだったよ！

写真1枚の年賀状も素敵です。

わんぱく2の3　20○○年賀状スペシャル

みんなでつくった学級リース　すてきでしょ！

38　電話番号を教えないで

悪質な業者が，さまざまな手段で個人情報を入手しようとするが，問答集を通信で紹介して未然に防ごう。

完成まで

① 学級で，友だちの電話番号を人に教えたらいけない理由を説明する。
『物を売ろうとする電話がかかってきて困る』
『無言電話などいたずら電話がかかってきて困る』

② 迷惑電話の断り方を練習する。
「家の人がいないのでわかりません」と言って切る。
相手が困っているような時は，「学校に電話してください」と言う。
ただし学校の名前や電話番号は言わない。

③ 学級通信で，保護者に家庭で同様の指導をしてもらうように依頼する。

もっと楽しむためのアイデア

・電話の近くに学級の連絡網を置かないようにしてもらうのも有効な手段。
・イラストで悪質な業者のイメージを誇張しておくと，子どもたちには強い印象が残り，より効果的である。

電話番号を教えないで！

でんわがかかってきて，きみのなまえを　よんで
「おなじ　クラスの　○○くんの　でんわばんごうを
　　おしえて」
といわれたら，おとなにすぐかわるんだよ。

おとなの人が　いないときは，
「いえの人がいないから　わかりません」
とこたえてね。

じぶんのいえの　じゅうしょをきかれても
おしえないでね。

ともだちの　でんわばんごうを
しっていても　おしえたらだめなんだよ。

でんわで　ものをうろうとしたり，
いえにきて　ものをうろうとする
めいわくなことをする人に
でんわばんごうを　おしえないでね。

「いそいでいるから」
「おとしものを　ひろったから」
そういう人は　いろいろなわけを　いうけど，
「いえの人がいないから　わかりません」
とこたえて　きるんだよ。

そして，いえの人がかえってきたら，
でんわのことを　すぐにはなしてね。

39 子ども全員アンケート

学級の児童全員を対象にアンケートをし，そのまま通信で紹介しよう。

・完成まで・

① アンケート内容を考える。

子どもたちが気軽に答えられる内容にする。テーマは，

「だいすきな　きゅうしょくのおかず」

「ほうかご　あそびたいこと」

「一番　たのしみな　テレビばんぐみ」

「かってみたい　どうぶつ」

「すきな　いろ」

「行ってみたい　国」

「がっこうで　一番　すきなゆうぐ」など。

回答をある程度予想し，選択肢を用意する。

はい・いいえ形式も，時間がかからない。

② 児童全員にアンケートをして，その場で挙手で回答させ，挙手した人数を書き込む。

選択肢にない答えがある時は，口頭で答えさせて書き込む。

③ 完成した原稿を印刷して配付する。

もっと楽しむためのアイデア

・名簿に1人ひとりの答えを書き込んで，そのまま原稿にする方法もある。時間がかからないだけでなく，全員の考えや感想を紹介できる。

即席アンケート

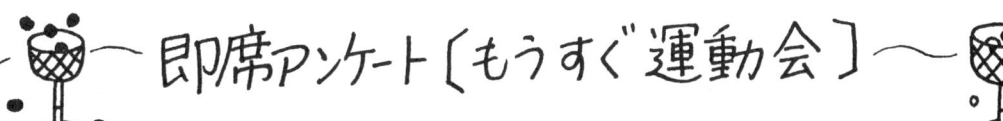

～即席アンケート〔もうすぐ運動会〕～

かけっこは，すき(18人)，きらい(5人)，その他(0人)
　　　　　　　　　　　　　　理由(遅いから)
ダンスは，すき(17人)，きらい(5人)，その他(1人)
　理由(女子と手をつなぐから1人，すわって足がいたいから1人)
玉入れは，すき(18人)，きらい(2人)，その他(3人)
　　　　　　　　　　　　　理由(頭にあたっていたい1人)
つなひきは，すき(15人)，きらい(6人)，その他(2人)
　　　　　　　　　　　理由(こわい2人，こけるといたい2人)

全員アンケートを名簿で集約

なまえ	冬休み，一番楽しかったのは？
かなだ みちよ	はるえちゃんが，大さかから かえってきたこと。
のぐち りつこ	おばあちゃんちに とまったこと。
たまり こういち	いえで サッカーを したこと。
いのうえ あきら	しんせきの あかちゃんを みたこと。
たけなか ゆめはる	たこあげを したこと。
にし ゆみ	スケートを したこと。
にいぼ ひろむ	じいちゃんの いえに とまったこと。
かなだ けん	いとこと おんせんプールに いったこと。
つぼやま よういち	ジャングル パークで あそんだこと。
ふもと まり	えいがを みに いったこと。
さかのうえ のぞみ	たかく たこを とばしたこと。
はらだ はじめ	あかちゃんと たくさんあそんだこと。
とうのはら かな	ボーリングを したこと。
すえよし もえ	かずにいちゃんの せいじんを いわったこと。

※順不同式名簿

40　給食実況中継

給食は保護者がとても気にする大切な教育活動。低学年では，準備から後始末までを一度はくわしく紹介しよう。

・完成まで・

① 時系列で，給食を紹介する。

　　まず，4時間目が終わってからの給食当番の動きをくわしく書く。

　　当番が着替えにかかる時間など具体的な数字を入れて書く。

② 当番が給食室に行っている間，当番以外の子どもたちは何をして待っているかを書く。

③ 当番が配膳をする様子や待っている子どもたちの様子を書く。

④ 「いただきます」から「ごちそうさま」まで，子どもたちの食べている様子を書く。

⑤ 食の進まない子どもへの指導について書く。

⑥ 後始末の様子を書く。

もっと楽しむためのアイデア

・給食のメニューを写真つきで紹介し，食べた子どもたちの感想を年に数回紹介する。

・子どもたちの好きなおかずアンケート，ちょっと苦手なおかずアンケートをとって，紹介する。

おいしい給食ニュース

給食の時間実況中継

・12時30分　給食準備始まり
○当番は手を洗う→給食着に着替える→廊下に並ぶ
○他の子どもは，班をつくる→手を洗う→席に座る
○配膳の準備ができたら，セルフサービススタイルで並んで自分の給食をもらう。
○当番の子の分は，次の週の給食当番が準備してくれます。
○食べるペースが遅い子どもで，給食当番でない子どもには，いただきますを言う前でも食べ始めさせています。
○全員分の配膳がすんで，給食当番が座ったら，日直が「ありがとうございました。いただきます」と言う。

・12時45分前後　食べ始める
○どうしても食べきれないと思う子は，担任に相談して減らしてもいいことにしています。どれぐらい減らしたかを見て，場合によっては声をかけています。無理してでも食べなさいとは言わないようにしています。気になる子どもについては，保護者と相談させていただいています。

・13時　しっかり食べる「もぐもぐタイム」
○13時になったら，食べ終わっていない子も食べ終わった子も，おしゃべりをしないことにしています。「もぐもぐタイム」です。
○食べ終わった子は静かに食器を片づけ，おぼんを水でさっと洗ってふきます。廊下で歯をみがきます。そして本を読むなどして静かに待ちます。
○ご飯などを食べ終わっていなくても，デザートを食べてもいい時間になります。

・13時10分　食べ終わりと片づけ開始です
○食べきれなかった子は，残させます。
○当番の準備ができたら，給食室に後片づけに行きます。
○給食当番の子ども以外は，机といすを引いて，静かに待っています。当番が帰ってきたら，日直が「ごちそうさま」を言って昼休みになります。

41　記念日情報

記念日を活用して楽しもう。例えば、4月11日はガッツポーズの日。子どもたちとガッツポーズを楽しむ日にしよう。前日に通信でも紹介して、みんなで盛り上がろう。

完成まで

① 4月10日。子どもたちに、ガッツポーズの日の由来を紹介する。

1974年（昭和49年）の4月11日、ボクシングの世界ライト級タイトルマッチで逆転勝ちしたガッツ石松さんが、ガッツポーズをしたことから決められた記念日。

② ガッツポーズの日の説明を、イラスト入りで簡単に通信に書く。

③ 4月11日、子どもたちとガッツポーズの練習を真剣にする。

教師が、「漢字テスト100点」と言い、子どもたちがガッツポーズをとる。

教師が、「机の中がとってもきれいだね」と言い、子どもたちがガッツポーズをとる。

④ 当日の様子を学級通信で紹介する。

もっと楽しむためのアイデア

・4月に1年間の記念日を調べて、どれを使うかを決めてカレンダーに書き込んでおくと便利。

記念日ニュースの例

明日は，ガッツポーズの日です！

　1974年の4月11日，ボクシングの世界ライト級タイトルマッチで逆転勝ちしたガッツ石松さんが，ガッツポーズをしたことから決められた記念日なんだそうです。

　……というわけで，明日は1日ガッツポーズで楽しみたいと思います。

　1日に何回のガッツポーズをしたか，子どもが帰ってきたら聞いてみてください。

　よかったら，ご家庭でも……。

明日2月5日は，笑顔の日です。

　2525（にこにこ）からつけられた記念日だと記念日の本に書いてありました。

　せっかくなので，明日は笑顔を意識する日にしたいと思います。

　道徳の授業では，表情をテーマにした，ソーシャルスキルの授業を予定しています。4時限目です。

　笑顔は，人も自分も楽しくさせるものですよね。子どもたちと，気持ちのいい笑顔について考える1日にしたいと思います。

　もちろん，笑顔を楽しみながら。

42　子どもの通信用イラスト

絵を描くのが大好きな子どもたちに，通信用のイラストを描いてもらおう。

完成まで

① 子どもたちにイラストを描いてもらう。

「好きな絵をひとつ描いて，名前も近くに書いてね。学級通信○○に載せるからね」と，全員に自由にイラストを描かせる。

または，「学級通信○○に使うイラストを募集します。テーマは夏です」と，説明して，希望者に描いてもらう。

「この絵を学級通信○○に載せていいかなあ」と，子どもたちが自由に描いたイラストの中から，通信に載せたいものを選んで，了解をもらって使う。

② 4コママンガを描ける子がいたら，描いてもらう。

③ 子どもたちの描いたイラストは，3月まで保存しておき，必要に応じて使う。

もっと楽しむためのアイデア

・イラスト集や，簡単なイラストの描き方が紹介された本を教室の本棚に並べておくと，イラストを描くのが好きな子どもたちが熱心に練習して，通信に使えるイラストも増える。

子どもたちのイラストとコラボしよう

親子共作も楽しい

え 小湊麗以奈　ぶん 小湊尚子

43　短期連載

読み手に期待を持たせることができる連載物に挑戦しよう。

完成まで

① 3回ぐらいの短い連載で構わない。ちょっとした連載に挑戦してみよう。

　タイトル例「1年生担任をお願いします！」

　1年生担任を学校長から告げられてから入学式までを，小見出しをつけて書く。1回分は，200字程度でよい。会話文をなるべくたくさん入れて短文で読みやすく書く。

　まずはキーワードを挙げてみる。

　不安と期待の始まり／先輩のアドバイス／教科書を読む／本屋さんに行く／いよいよ準備開始／……／入学式前夜／そして入学式

② 連載中の通信は，「～と聞いてひと安心。しかし，……。つづく」「私は，大事な準備をひとつ忘れていることに気がつかないまま帰った。つづく」のように，次を期待させる終わり方をしたい。

もっと楽しむためのアイデア

・タイトル例，「研究授業物語」「初めての参観日」「自転車家庭訪問日記」「畑作り物語」「学校探検日記」など。

連載　花を育てよう　(1)　花のタネをまきました

　今日の朝のことです。
　あいほしさんが、わたしの机の上にあるタネを見つけて、
「かわいいタネだなあ」
と言いました。
　すると、きょうしつにいた友だちが、どっとやってきて、どれどれ見せてとのぞきこみました。
「おさないで、これだよ」
と、あいほしさんが、うれしそうにみんなに見せた小さくて丸いタネには、なんとかわいらしいマークがついているではありませんか。

つづく

連載　花を育てよう　(2)　ふうせんかずらのタネ

　まっくろい、ふうせんかずらのタネには、かわいいハートのデザインが入っていたのです。
　子どもたちは、「ぼくもこれがいいなあ」「わたしもこれがいいなあ」「かわいいなあ」と、小さなタネに見とれていました。
　チャイムがなりました。今日は、だれが何のタネをまくかを決める日です。
　きのうまで、だれもしらなかった、ふうせんかずらが一番人気のようです。そこで、わたしは、ほかの花のせんでんを始めました。
「これは、ワイルドストロベリーのタネ。なんといちごがなりますよ。おいしいですよ。」
　実がなるまで少し時間がかかるというようなことはないしょにしておきました。
　せつめいの後で子どもたちにえらんでもらったところ、一番人気は、意外なものになりました。それは……。

つづく

44 すぐわかる校内地図

学校の建物や遊具の配置が見てすぐわかる校内地図を1枚作ろう！

完成まで

① 学校要覧や研究公開の研究誌などに掲載されている勤務校の校内地図を手に入れる。

② 実際に校内を歩いて，地図をチェックする。

③ 自分用の校内地図を1枚作る。

手書きでもいいし，専用ソフトで作成してもいい。

既成の校内地図をそのまま使ってもいいが，地図を作製することで学校のことがよくわかり，授業作りにも役立つし，学校への愛着も増すので，オリジナル校内地図を作製する価値はある。

④ 最初の授業参観，運動会，給食試食会などを知らせる通信に使えるだけでなく，生活科の校内探検や算数の授業などでも使える。

もっと楽しむためのアイデア

- A3程度に拡大した地図を教室に掲示する。

子どもたちに，集合場所や移動場所を説明する時に使ったり，植物や樹木の名前を書き込んだりするのに便利で，学年末には学級の思い出マップになる。

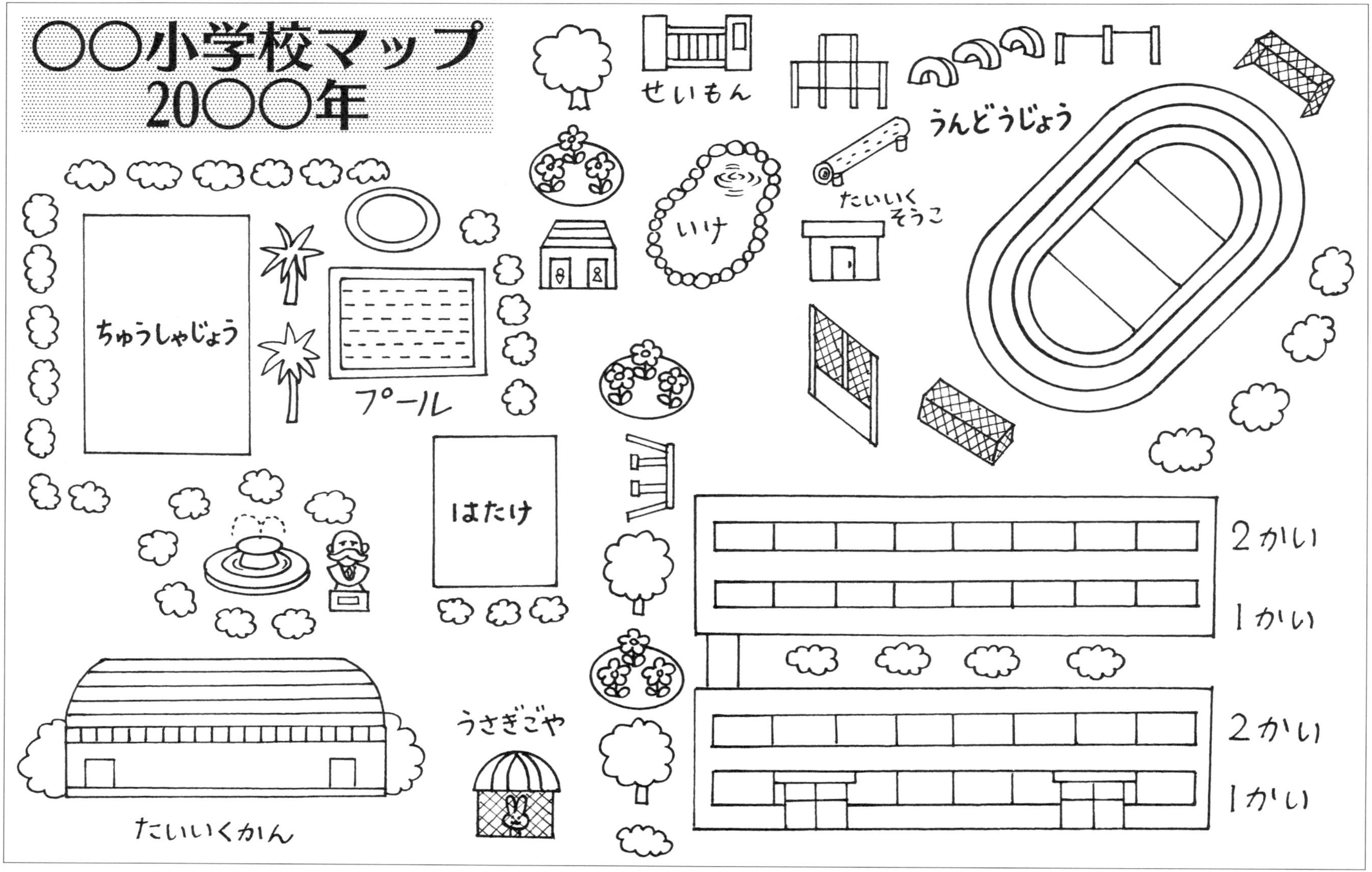
〇〇小学校マップ
20〇〇年
せいもん
うんどうじょう
たいいく
そうこ
いけ
ちゅうしゃじょう
プール
はたけ
2かい
1かい
2かい
1かい
うさぎごや
たいいくかん

45　ゲストと子どもの出会い通信

子どもたちとさまざまなゲストとの出会いを通信に書いて、記録に、そして心に残そう。

●完成まで●

① 本読みボランティアなど、子どもたちが出会ったゲストの名前を聞く。
② ゲストの許可をもらって写真を撮る。
③ 子どもたちとゲストとの関わりを文章で記録する。
④ 活動などが終了した後で、感想などをゲストにインタビューし、記録する。
⑤ 時間的な余裕がある時は、子どもたちに感想を書かせたり、ゲストへの手紙を書かせる。
　　全員が難しい時は、数人に書かせる。
⑥ 当日か翌日には、通信でゲストと子どもたちの関わりの様子などを写真つきで紹介する。
⑦ お礼の手紙と通信を、ゲストに届ける。

もっと楽しむためのアイデア

・ゲストからの返信があった時は、通信に載せる。
　また、教室にゲストからの手紙やメールの実物を掲示する。
・いろいろな機会にゲストのことを話題にして、子どもたちに思い出させる。

今日の全校集会で，講話の当番になっていた佐藤教諭が出産経験を語りました。
　出産の大変さも伝わってきましたが，子どもたちに伝えたかったことは別のことでした。
　母親にとって，子どもを産むことは喜びだということ，そして，子どもはたくさんの人に祝福されて生まれてくるんだということを，子どもたちにわかりやすく語りました。
　男性の私には語れないことなので，とてもいい話をしてくださったなあと，ありがたく思いました。
　1年生の子どもたちは，とても真剣な顔で聞いていました。
　文章を書く練習を始めたばかりですが，子どもたちに短い手紙を書いてもらい，佐藤教諭に届けました。

佐藤(さとう)先生への手紙

げんきなあかちゃんがうまれたんですね。ぼくもげんきだったそうです。
たきもとしん

おかあさんてすごいなあっておもったよ。
かきたゆう

せんせいの、おなかをけったあかちゃん、げんきだね。ぼくもけったのかな。
やまだ ゆき

せんせいのあかちゃんにあいたいです。
とくむら みどり

おめでとう！あかちゃんにもつたえてください。
ささき はじめ

あかちゃんがうまれてよかったですね。これからもがんばってください。
なみ山かな

わたしはちいさいあかちゃんがだいすきです。いいはなしでした。
たしろかい

46　繰り返しPR作戦

授業参観や学級PTAなど，保護者にぜひ参加してもらいたい行事の告知は，変化させながら継続して掲載しよう。

完成まで

① 保護者が参加する行事は，1度や2度の案内だけではなく，通信を使って繰り返し告知していく。

② 通信に毎日書くだけでなく，少しずつ変化させることが重要。
　あまり熱心に通信を読まれない保護者にもアピールするにはどうすればいいかを考える。

③ 「あと◯日」「いよいよ明日」「注目の◯◯開催間近」と広告紙などに見られるインパクトのある言葉を参考にして，短い文章でも注目されるように工夫する。

もっと楽しむためのアイデア

- 全体が活字なら，PR部分は手書きで大胆に書くのも効果的。
- ちらしの文字をそのまま切り貼りするのも目立つ。
- PR部分に行事内容を上手に入れることができると，より効果的。
例えば，「どうぶつ粘土がついに全員完成！　参観日に見てね！」。

予告　授業参観

　月　　日（　　）　　時　　分〜
　　　時　　分からはPTA懇談会

次回の授業参観は，　　月　　日　　時　　分〜　教科は

| 愛校作業 | 　月　　日　　時　　分　〜　　時　　分 |

学習発表会
　月　　日　　曜日　　　時から・体育館・入場無料

音楽発表会　　月　　日
　　　　　　時　　分〜

音読発表会　　　月　　日　曜日
　　時　　分〜　　時　　分　　年　組教室

　年　　組　学級PTA　レクリエーション
　　月　　日　曜日　　時〜

47　親子で楽しむ健康クイズ

クイズは誰もが楽しいと感じる知的なゲーム。健康面の情報をクイズ形式で出してみよう。

完成まで

① 寒くなり，風邪を引く子どもが増えてくるころなら，風邪クイズを出してみよう。

② 養護教諭の出す保健室便りやインターネットの情報をもとにクイズを作成する。

③ クイズは○×クイズと3択問題がいい。簡単に答えられることが大切。

④ 通信に載せた翌日に答えを載せるというじらす方法か，同じ日に通信の下のほうに上下逆にして答えを書くか決めよう。

　説明を少し書きたい時は，通信の裏に答えを書く方法もある。

⑤ これだけは覚えて欲しいと思うことは，学校でも繰り返し話題にしよう。

もっと楽しむためのアイデア

・毎月1回はクイズ特別号を出すと決めて，いろいろなクイズを出すようにすると，楽しみにしてくれる保護者も増える。

〔参考になる本〕

『クイズの出し方大辞典付き笑って楽しむ体育クイズ417』（蔵満逸司・中村健一著，黎明書房）※保健の問題も入っています。

かぜ クイズ　○か×か　考えて！

(1) せきが でで はなみずが でたら かぜに かかっている。
(2) かぜを 引いたときは うんどうをすると はやくなおる。
(3) うがいを すると かぜを 引きにくくなる。
(4) かぜを 引いたら 水を たっぷり のんだほうがいい。
(5) インフルエンザは どうぶつもかかる。

正解　(1) ×　(2) ×　(3) ○　(4) ○　(5) ○

むしば クイズ　どれが ただしいか 考えてみよう！

(1) つぎのなかで はの かずが いちばん おおいのは？
　① ブタ
　② 人間
　③ ゾウ

(2) にゅうしと よばれる 子どもの はは なんぼん？
　① 10ぽん
　② 20ぽん
　③ 30ぽん

(3) むしばを よぼうする ものは？
　① さとう
　② はちみつ
　③ キシリトール

(4) いちばん むしばに なりやすいのは？
　① まえば
　② おくば
　③ どのばしょも おなじ

(5) 8020うんどうって？
　① 80さいでも 20ぽんの はをもとう
　② 80ぽんの はを 20かいずつ みがこう
　③ よるの 8じに なったら 20ぷん はを みがこう

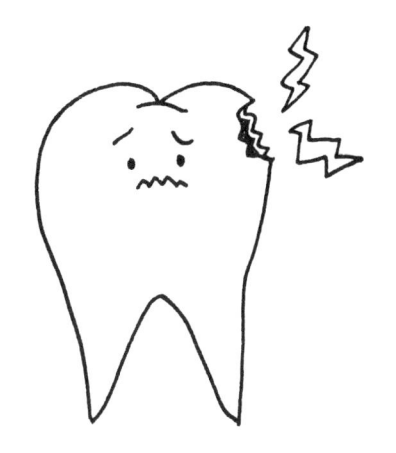

正解　(1) ① ブタ44　人間28〜32　ゾウ26．(2) ②．(3) ③．
　　　(4) ②．(5) ①

48　最後は未来のあなたへのメッセージ

通信の最終号は，文集に収録。未来の子どもへのメッセージでエンドレスにしよう。

完成まで

① 通信の最終号は，今の子どもたちへのメッセージを書く。
　わかりやすい言葉で，学習した範囲内の漢字を使って，ありがとうと，元気でねの気持ちを伝える。

② 私の場合，成人した年を想定した未来の子どもたちへのメッセージを通信特別号として作成している。
　子どもたちには読めない漢字をなるべくたくさん使って，難しい表現も遠慮なくわざとらしく使って書く。
　紛失を避けるために，学級文集に収録して最後の日に配付する。
　ポイントは，成人した年にメールをくれたら，プレゼントをあげる約束をしていることである。
　ちょっと楽しい未来の約束である。

もっと楽しむためのアイデア

- 低学年で担任した子どもたちには，「12歳のぼくへ」というタイトルで手紙を書かせる。それを，子どもたちの卒業式の数日前に，卒業を祝福するメッセージを書いた学級通信卒業特別号とセットでプレゼントする。同じ学校にいたら手渡ししたい。転勤した場合は，知っている教師に渡してもらう。

元気小学校 1年2組 学級通信 わっはっは

特別号 2023年1月1日

未来のあなたへ

文集はかけがえのない一冊の本です
国会図書館にもどんな立派な本屋さんにもない
特別な本です
時が過ぎて、1年担任の名前も顔も忘れたころに
この文章を読むことがあったらぜひ連絡をください
2023年以降というこにしておきましょう
ぼくはそのころ50代の後半です
連絡方法は簡単です
インターネットで「蔵満逸司」を検索してください
僕が生きていたらホームページがあるはずです
2023年以降にあなたからのメールが届いたら
ささやかなプレゼントを差し上げようと思っています
あなたのメールを待っています

わっはっは 第○○号さいしゅうごう 元気小1の「に」
がっきゅうつうしん 2011年3月16日

みんなと あえて よかった
わらって おどって ひっくりかえった
わくわくして どきどきして ないたりもした
いちねんかんを みんなと すごせて よかった
大きくなるんだよ
こころも からだも
えがおが にあう 子どもたち
みんなを みまもっている かぞくや
しんせきの人や きんじょの人や
げんきの町の人たちと いっしょに
先生も ずっと みまもっているからね
たんにんの先生でなくなっても
ろうかや たいいくかんや こうていで あったら
げんきよく えがおで こんにちはって
あいさつしてね
じゃ また!

くらみついつじ

著者紹介

●蔵満逸司

1961年鹿児島生まれ。現在南さつま市立加世田小学校勤務。授業づくりネットワーク，日本LD学会などに所属。

著書に『授業のアイデア1・2年』（ひまわり社），『奄美まるごと小百科』『奄美食紀行』『奄美もの知りクイズ350問』『鹿児島もの知りクイズ350問』（南方新社），『授業のツボがよくわかる算数の授業技術 高学年』（学事出版）がある。

編著に『やる気と集中力を持続させる算数の授業ミニネタ＆コツ101』（上條晴夫監修，学事出版），『楽しみながら思考力を鍛える小学校算数の学習ゲーム集』（上條晴夫氏との共編著，学事出版），共著に『42の出題パターンで楽しむ痛快社会科クイズ608』『クイズの出し方大辞典付き笑って楽しむ体育クイズ417』（共に中村健一氏との共著，黎明書房）がある。

出演DVDに『実践！ ミニネタアイディア集算数編2巻』『演劇・パフォーマンス系導入パターン』（ジャパンライム社）がある。

＊本文イラスト：伊東美貴

子どもも保護者も愛読者にする小学校1・2・3年の楽しい学級通信のアイデア48

2011年5月1日 初版発行

著 者	蔵 満 逸 司
発行者	武 馬 久 仁 裕
印 刷	株式会社 太洋社
製 本	株式会社 太洋社

発 行 所　　　　　　　株式会社 黎 明 書 房

〒460-0002 名古屋市中区丸の内3-6-27 EBSビル
☎052-962-3045　FAX 052-951-9065　振替・00880-1-59001
〒101-0051 東京連絡所・千代田区神田神保町1-32-2
南部ビル302号 ☎03-3268-3470

落丁本・乱丁本はお取替します。　　ISBN 978-4-654-01855-0

Ⓒ I. Kuramitsu 2011, Printed in Japan

子どもも先生も思いっきり笑える **73のネタ大放出！** B6／94頁　1200円	中村健一著　教師のための携帯ブックス①／子どもの心をつかみ，子どもたちが安心して自分の力を発揮できる教室をつくる，クラスが盛り上がる楽しい73のネタ。秘密の数字／他。
思いっきり笑える **爆笑クラスの作り方12ヵ月** B6／94頁　1200円	中村健一編著　教師のための携帯ブックス⑥／クラスに一体感を生み出す，学級開きや遠足，学芸会，お楽しみ会など，「お笑い」の要素をふんだんに取り入れた行事を月別に紹介。
子どもも先生も思いっきり笑える **爆笑授業の作り方72** B6／94頁　1200円	中村健一編著　教師のための携帯ブックス⑧／現役教師たちが実践している，毎日の授業を楽しくするネタを，学習規律，授業の導入，展開，終末に分けて紹介。爆笑ネタが満載。
歴史壁面クイズで楽しく学ぼう ①縄文時代〜平安時代／②鎌倉時代〜江戸時代／③明治時代〜平成（全3巻） B5／各79頁　各1700円	阿部隆幸・中村健一著　コピーして貼るだけ！歴史壁面クイズ201問（各巻67問）で楽しく知識の定着が図れます。教室の掲示物に活用でき，毎日貼りかえても1年使えます。
42の出題パターンで楽しむ **痛快社会科クイズ608** B6／93頁　1200円	蔵満逸司・中村健一著　教師のための携帯ブックス③／授業を盛り上げ，子どもたちを社会科のとりこにするクイズの愉快な出し方42種と608の社会科クイズを紹介。漢字暗号／他。
42の出題パターンで楽しむ **痛快理科クイズ660** B6／93頁　1200円	土作彰・中村健一著　教師のための携帯ブックス⑤／あっという間に子どもたちを授業に引き込む，クイズの愉快な出し方を42種と教科書内容を押さえた660の理科クイズを紹介。
クイズの出し方大辞典付き **笑って楽しむ体育クイズ417** B6／95頁　1200円	蔵満逸司・中村健一著　教師のための携帯ブックス⑦／サッカー，ドッジボールなどのスポーツのルールや，エイズ，インフルエンザなどの病気の基礎知識が身につく体育クイズを417紹介。
考える力を楽しく育てる **なぞなぞ&学習クイズ85** B6／94頁　1200円	石田泰照・三宅輝聡著　教師のための携帯ブックス④／子どもの知的好奇心をくすぐる日本語，環境，歴史，宇宙，生き物等のクイズと楽しいなぞなぞ85。考える力が自然につきます。
教室でみんなと読みたい俳句85 B6／93頁　1300円	大井恒行著　教師のための携帯ブックス⑨／元気の出る俳句，胸にじんと来る俳句，戦争と平和の句など，子どもの心を豊かにする85の俳句を，解釈と鑑賞，作者のプロフィールと共に紹介。

表示価格は本体価格です。別途消費税がかかります。

基礎学力を養う **算数クイズ＆パズル＆ゲーム** 低学年／中学年／高学年（全3巻） 　　　　　　　　A5／178～182頁　各1700円	中山理他著　楽しみながら算数の基礎・基本が身につき，柔軟な思考力，算数のセンスがアップする傑作問題を収録。じどうしゃ レース(数の順序)／ことりは なんわ(表の見方)／他。
コピーして使える **楽しい算数クイズ＆パズル＆ゲーム** 低学年／中学年／高学年（全3巻） 　　　　　　　　B5／111～112頁　各1500円	中山理他著　名門私立小学校の現職教諭陣が執筆した，基礎学力をつけ，柔軟な思考力をのばす愉快な問題。なんじかな(時刻)／かがみに　うつそう(左右対称)／トマト数(たし算)／他。
野中信行が答える **若手教師のよくある悩み24** 　　　　　　　　A5／141頁　1800円	野中信行著　中村健一編　初任者指導教諭の著者が，若手教師の悩みに，実践に通じる具体的な手立てを交えて答える。メルマガ連載中から大人気の「若手教師の悩み」に加筆し書籍化。
失敗・苦労を成功に変える **教師のための成長術** 　―「観」と「技」を身につける 　　　　　　　　A5／123頁　1700円	長瀬拓也著　成長する教師は成功する。初任時代の苦難を乗り越える中からあみだした教師の成長術のノウハウを，図，イラストを交え公開。初任教師，若い教師必読！
教師のための時間術 　　　　　　　　四六／128頁　1400円	長瀬拓也著　仕事に追われ，学級経営や授業に悩む先生方に。時間の有効活用法をあみだし，仕事に追われる日々から自らを解放した著者の時間術。時間術の基本は「時間配分」／他。
教師のための整理術 　　　　　　　　四六／125頁　1400円	長瀬拓也著　学級づくりのための整理術，授業づくりのための整理術，実践や考えの整理術，ファイルやノートの整理術など，仕事をスムーズに運ぶための整理術を紹介。
仕事の成果を何倍にも高める **教師のノート術** 　　　　　　　　四六／148頁　1500円	大前暁政著　ノートを活用した授業細案の書き方，学級開きやイベントの計画の立て方，会議や研究会・セミナーでのノートの取り方など，仕事のスタイルに合わせたノート術を紹介。
教師のための **モンスターペアレント対応55** 　　　　　　　　四六／172頁　1700円	諏訪耕一編著　学校・教師が保護者からの非常識な苦情や要求にどのように対応すればよいかを，小・中・高等学校の55事例を通して，具体的にアドバイスする。成績に納得できない／他。
子どもの心をゆさぶる **多賀一郎の国語の授業の作り方** 　　　　　　　　A5／134頁　1700円	多賀一郎著　教育の達人に学ぶ①／達人教師が，講師の講習会でよく質問される教材研究の仕方や，発問，板書の仕方などを詳述。また，本を使った学級教育のあり方を紹介。

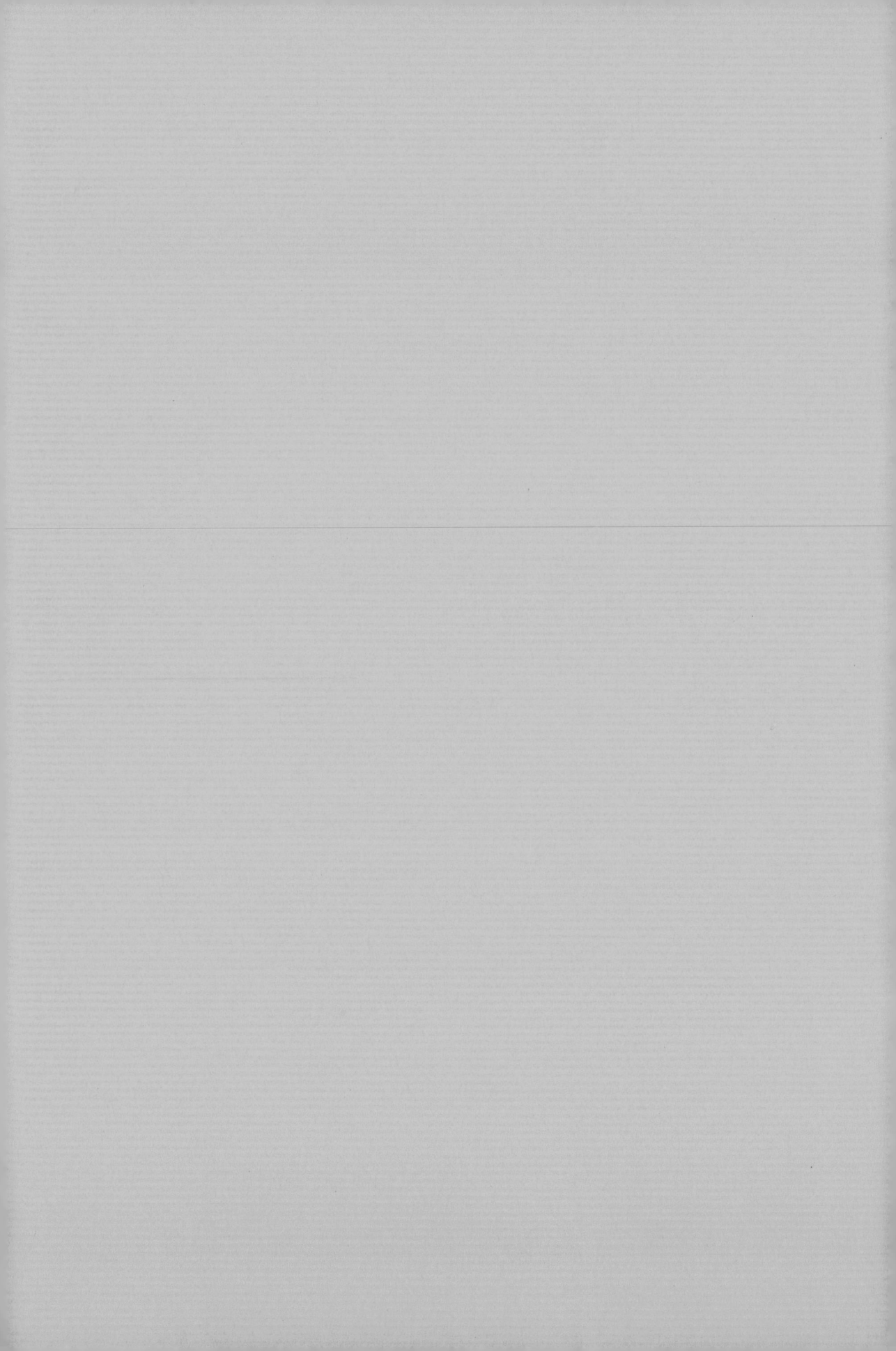